GERARDO GARCÍA MANJARREZ

IMPULSO MILIONÁRIO

TÍTULO ORIGINAL *Impulso millonario*
©2019 Gerardo García Manjarrez (Jerry)
©2024 VR Editora S.A.

Latitude é o selo de aperfeiçoamento pessoal da VR Editora

EDIÇÃO Marcia Alves
PREPARAÇÃO Laila Guilherme
REVISÃO Juliana Bormio
CAPA Florencia Amenedo
DIAGRAMAÇÃO Pamella Destefi
PRODUÇÃO GRÁFICA Alexandre Magno

Dados Internacionais de Catalogação na Publicação (CIP)
(Câmara Brasileira do Livro, SP, Brasil)

García Manjarrez, Gerardo
Impulso milionário: acorde e torne-se imparável / Gerardo García Manjarrez; tradução Ricardo Giassetti. – Cotia, SP : Latitude, 2024.

Título original: Impulso millonario
ISBN 978-65-89275-49-7

1. Dinheiro - Administração 2. Economia 3. Finanças pessoais 4. Riqueza I. Título.

24-191889   CDD-332.024

Índices para catálogo sistemático:
1. Finanças pessoais: Economia   332.024
Eliane de Freitas Leite – Bibliotecária – CRB 8/8415

Todos os direitos desta edição reservados à
VR EDITORA S.A.
Via das Magnólias, 327 – Sala 01 | Jardim Colibri
CEP 06713-270 | Cotia | SP
Tel.| Fax: (+55 11) 4702-9148
vreditoras.com.br | editoras@vreditoras.com.br

GERARDO GARCÍA MANJARREZ

IMPULSO MILIONÁRIO

DESPERTE E CONQUISTE SUA LIBERDADE

TRADUÇÃO
RICARDO GIASSETTI

SUMÁRIO

INTRODUÇÃO 8

CAPÍTULO 1 DESPERTE SEU IMPULSO MILIONÁRIO 12

Uma história com impulso
Torne-se um jogador do sistema
Prepare-se para crescer
Cultive a vida que você procura
Construindo sua nova pessoa
O verdadeiro valor
Encontre seu foco
Uma vida simples
Gerando um novo impulso
Um segredo que te impulsiona
Resumo milionário

CAPÍTULO 2 SIMPLIFIQUE 43

Uma história com impulso
Simplifique seu estilo de vida
Leve apenas o que você precisa
Pratique o desapego
Gaste com sabedoria
Desenvolva um roteiro diferente
Viva uma vida orgânica
Gerando um novo impulso
Um segredo que te impulsiona
Resumo milionário

CAPÍTULO 3 DESENVOLVA UMA VISÃO DISRUPTIVA. 77
Uma história com impulso
Vá além
Etapas disruptivas
A união faz a força
Ação é a chave
Venda experiências
Gerando um novo impulso
Um segredo que te impulsiona
Resumo milionário

CAPÍTULO 4 TENHA UM FUNDO DE RESERVA. 107
Uma história com impulso
Previna para não se arrepender
Blinde-se
Gerencie suas emoções
Crie um fundo emocional
Gerando um novo impulso
Um segredo que te impulsiona
Resumo milionário

CAPÍTULO 5 ADAPTE-SE E PERCA O MEDO DA MUDANÇA. . . . 133
Uma história com impulso
Os tempos mudam
Pegue essa onda
Construa sua marca pessoal
O ABC da marca pessoal
As quatro chaves de impulsionamento
Gerando um novo impulso
Um segredo que te impulsiona
Resumo milionário

CAPÍTULO 6 COLABORE PARA CRESCER 165
Uma história com impulso
Acabe com a inércia
A riqueza está no capital humano
Uma mudança de visão
Liderança colaborativa
Gerando um novo impulso
Um segredo que te impulsiona
Resumo milionário

CAPÍTULO 7 ENVOLVA-SE EM SEU APRENDIZADO E DECOLE . . 193
Uma história com impulso
Aprendendo com o futuro
Comece se conhecendo
Desafios e hábitos do autodidata
Aprenda a aprender
Gerando um novo impulso
Um segredo que te impulsiona
Resumo milionário

CAPÍTULO 8 FAÇA O DINHEIRO TRABALHAR PARA VOCÊ. . . 221
Uma história com impulso
Liberdade à vista
Sistemas de abundância
Passos para a liberdade
Gerando um novo impulso
Um segredo que te impulsiona
Resumo milionário

CAPÍTULO 9 ADOTE A MELHORIA CONTÍNUA E APROVEITE SEU POTENCIAL 250

Uma história com impulso
O sucesso como estilo de vida
Mapa de desempenho
O segredo é ouvir
Agente de mudança
Seus três poderes
Estágio de conexão
Observação focada
Pensamento focado

EPÍLOGO 278

Introdução

Compreender como funciona o sistema econômico nesta nova era é essencial para saber gerar as vantagens competitivas que nos impulsionam a alcançar a vida que sonhamos. Um dos grandes desafios ao escrever este livro foi esclarecer as minúcias da engrenagem econômica na qual estamos imersos. Isso foi necessário para que você pudesse entender como se administra esse grande mecanismo que não dorme e está aí todos os dias, operando para todos igualmente.

Sei que muitas vezes você se sentiu encurralado pelo sistema, sem encontrar saída e sem motivação para progredir. Mas hoje você tem em mãos o livro *Impulso Milionário*, um grande passo para começar a construir seu caminho para a fartura.

Ao compreender as regras do jogo e se tornar mais intuitivo, você poderá se se transformar em um jogador ativo nessa revolução de mudanças que está ocorrendo diante de nossos olhos. As pessoas que estão mais bem preparadas para aceitar com entusiasmo as

TRANSFORMAÇÕES QUE SE AVIZINHAM CERTAMENTE FARÃO PROGRESSOS SUBSTANCIAIS EM SUAS VIDAS.

A NOVA ERA ECONÔMICA DEVE SER ABRAÇADA COM UMA FORTE CONVICÇÃO VINDA DE DENTRO E DEPOIS INCORPORADA EM SUA VIDA COTIDIANA, COM FOCO NO SEU CRESCIMENTO E NO DAQUELES QUE O RODEIAM.

NÃO IMPORTA EM QUE SITUAÇÃO VOCÊ SE ENCONTRA. QUER VOCÊ ESTEJA EMPREGADO OU NÃO, SE É SÓCIO DE UM NEGÓCIO OU SE APENAS TEM UM PROJETO COMO UM SONHO EM MENTE. ESTE LIVRO VAI GUIÁ-LO PARA ATINGIR SEUS OBJETIVOS E SUAS METAS. TODOS NÓS TEMOS ALGO A APRENDER E MODIFICAR PARA TRANSFORMAR AS NOSSAS VIDAS, E NESTE MOMENTO ESTAMOS ENCARREGADOS DE FAZER UMA VIRADA POSITIVA EM SUAS FINANÇAS, SEM NEGLIGENCIAR OUTROS ASPECTOS DE SUA FORMAÇÃO QUE ESTÃO DIRETAMENTE RELACIONADOS AO SEU DESENVOLVIMENTO FINANCEIRO.

NESTAS PÁGINAS VOCÊ ENCONTRARÁ AÇÕES CONCRETAS PARA SER UM *PLAYER* IMPORTANTE NO ECOSSISTEMA DA ERA DIGITAL, COM UMA VISÃO DISRUPTIVA, ALINHADA A NEGÓCIOS E empreendimentos atuais. *Impulso milionário* vai estimulá-lo fortemente a começar a pensar em seus projetos sob outras perspectivas.

Ao mesmo tempo, exploraremos histórias de sucesso de pessoas que construíram seus impérios do zero com criatividade, inovação, perseverança e tenacidade. Tenho certeza de que eles vão inspirar você e ajudá-lo a encontrar a força interior que todos temos dentro de nós.

Num mundo cheio de obstáculos, é preciso recuperar a ordem e o rumo que perdemos com tanto ruído do sistema. A intenção é que você seja livre, feliz e próspero, e que estas páginas sejam o seu farol para conseguir isso.

Neste passeio você precisará ter um caderno e uma caneta em mãos para fazer os exercícios e responder a todas as perguntas que vou propor. Isso será a base para o seu crescimento espiritual, mental, emocional e financeiro.

Deixo-lhe uma promessa de parceiro de vida: quando terminar de ler este livro, você se conhecerá melhor,

Será um agente de mudança com um novo impulso e será capaz de se mover muito rapidamente dentro de um sistema em constante evolução. Além disso, você entenderá a vida com uma nova filosofia e poderá implementar para si toda uma cultura de sucesso, apoiada em seus próprios parâmetros e regras.

Sinta-se confortável nesta grande jornada que estamos prestes a iniciar. A partir de agora, você terá o poder de impactar positivamente a sua realidade e o seu ambiente. Quero que você viva o presente de forma plena e consciente, sem se esquecer de que a prosperidade está dentro de você e espera para ser descoberta.

Com *Impulso milionário* você alcançará uma visão abrangente do seu ser, o que será essencial para o seu bem-estar nesta nova era.

Seja bem-vindo!

CAPÍTULO 1

DESPERTE SEU IMPULSO MILIONÁRIO

UMA HISTÓRIA COM IMPULSO

Eu me lembro de quando Víctor González me ligou e disse: "Amigo, apareceu uma oportunidade de melhorar a minha vida profissional. Quero me despedir de todos vocês". Ele se mudou para Tijuana, no norte do México, para perseguir seus sonhos. Perseguir os sonhos significava abandonar amigos, familiares e o conforto da sua cidade natal no coração do país. Nós, amigos, rapidamente organizamos um jantar para ele. Na despedida, soubemos que uma empresa latino-americana com excelente posicionamento nas redes sociais o procurou para que fosse a sua voz oficial. Ele nos contou sobre quantas oportunidades estavam surgindo, e ficamos felizes por ele. Depois de dizermos a ele algumas palavras de incentivo, nos despedimos com um forte abraço.

Víctor é criminologista de profissão, carreira de que gosta muito, mas sua verdadeira paixão sempre foi a comunicação.

Talvez alguns se lembrem de sua voz em importantes rádios de cidades da região central do país e de suas entrevistas com diversos artistas da indústria do entretenimento.

Ele começou muito jovem, aos quinze anos, como locutor de rádio em uma emissora local. Para ele, a idade não era um obstáculo, mas os mais velhos ao seu redor não pensavam assim. Eles lhe diziam de tudo, desde "você nunca irá muito longe como locutor" até "sua voz não é boa o suficiente para estar neste meio".

Mas ele insistiu e não parou de construir sua carreira. Desde muito jovem percebeu que a elocução era o seu talento. Na verdade, ele tem uma voz peculiar que associamos imediatamente ao rádio. Quando Víctor percebeu sua habilidade, começou a explorá-la e a confiar em si mesmo. Como a atividade pela qual era apaixonado estava alinhada com seus talentos naturais, ele entendeu que, para seguir em sua caminhada, não deveria se vitimizar só porque algumas pessoas pensavam diferente dele. ==Ele precisava aprender como o mercado funcionava para saber como se movimentar nele e, assim, tornar-se um jogador do sistema.==

Como a maioria de nós, ele também passou por momentos de crise, quando esteve prestes a jogar a toalha diante das dificuldades e da falta de dinheiro. É nesses momentos que dizemos para nós mesmos: "Bom, o dinheiro não está entrando. O que eu faço? É melhor ficar ou cair fora?". Isso é comum em quem busca explorar o seu próprio talento. Porém, Víctor investiu em sua locução e na comunicação, e logo as portas se abriram para ele.

Se há algo que o caracteriza são a sua perseverança e a sua tenacidade. Outra característica pessoal dele é que não bebe nem fuma. Ficar longe desses hábitos deu a ele maior clareza mental e permitiu que se mantivesse mais concentrado. Por exemplo, não perdeu tempo com distrações. Como faz exercícios e não bebe, acorda cedo, aproveita o dia e planeja muito bem tudo o que vai fazer. Ele se mantém mais focado em seus objetivos e no que deseja alcançar. Seu impulso para o sucesso é mais forte.

Víctor conseguiu visualizar seu grande propósito, que é continuar subindo e conquistar importante reconhecimento na mídia. Ao desenvolver uma atitude positiva e ter um propósito claro e firme, ele conseguiu se tornar uma das vozes mais reproduzidas do mundo nos meios digitais: possui 2,9 milhões de seguidores em suas redes sociais e milhares de visualizações para cada um de seus vídeos. Nada mau para o que ele buscava alcançar, não acha?

Caro leitor, o que podemos aprender com essa história? ==Não importa sua origem ou sua situação atual, você pode chegar tão alto quanto decidir.== Precisamos entender que grandes oportunidades também se escondem nas dificuldades da vida, mesmo que as pessoas não acreditem em você. E, claro, existem bons hábitos, que são como trampolins para o crescimento, que nos catapultam para ir em busca dos nossos sonhos e criar o impulso milionário que nos permitirá chegar a lugares inacreditáveis.

> PRIMEIRO, CONSTRUA OS TRAMPOLINS QUE O LEVARÃO A ALCANÇAR OS SEUS SONHOS. A PROSPERIDADE VIRÁ MAIS TARDE, COMO CONSEQUÊNCIA NATURAL DOS SEUS ESFORÇOS.

TORNE-SE UM JOGADOR DO SISTEMA

Entendemos o sistema como o ecossistema econômico, político, social, cultural, educacional e tecnológico no qual estamos coletivamente imersos. Ou seja, trata-se da forma como nos organizamos como sociedade e funcionamos sob certas regras estruturadas para alcançar objetivos comuns. Isso não precisa ser bom ou ruim, apenas é algo que existe para todos. Mas o modo como isso será depende de você.

Você e eu nos movemos dentro de um sistema capitalista que produz bens e serviços para serem consumidos pelo mercado. As partes do sistema incluem capital, mão de obra e trabalho, entre outros elementos. Mas a regra fundamental do sistema para obter recursos, dinheiro ou simplesmente a prosperidade que se deseja é resolver problemas.

O que quero dizer com isso? O sistema funciona assim: você tem que resolver uma necessidade do consumidor. Muitas pessoas não percebem isso. É uma grande peleja quando se tenta atrair riquezas para o seu perímetro porque não se entende que, na verdade, pagamos para ter problemas resolvidos: ter comida, um teto sobre a cabeça, informação, entretenimento etc. Quando temos o dom de ser solucionadores, recebemos uma recompensa financeira. Ou seja, entregamos valor à vida dos outros. E, para conseguir isso e crescer, é fundamental utilizar nossos talentos e interesses.

Minha intenção é ajudá-lo a entender como o sistema funciona, para que você possa utilizá-lo a seu favor. Ou seja, você é um importante protagonista do sistema. A história de Víctor González é um bom exemplo de como conseguir isso. Apesar de vir de Irapuato, uma cidade de médio porte na parte central do México, Víctor tinha certeza de aonde queria chegar. ==Ele tinha consciência do seu talento e dos seus interesses, por isso o tamanho da sua cidade não era um obstáculo. Pelo contrário, foi um desafio para alcançar o próximo nível.==

Muitas vezes, parece que nesse sistema só sobrevivem os mais fortes e aqueles que melhor se adaptam às mudanças. Além disso, há um grande número de pessoas que são excluídas porque não se sentem parte desse sistema.

Sempre me perguntei por que todos desejam alcançar o sucesso e a riqueza, mas apenas alguns conseguem. Investigando a questão, descobri que frequentemente nos deparamos com situações cotidianas que dificultam o desenvolvimento dos nossos talentos, como as longas horas no trânsito, a vida atribulada na cidade e a corrida econômica contra as dívidas.

A boa notícia é que você pode controlar a forma como se comporta dentro desse sistema. Temos que desacelerar para sair deste turbilhão e ter consciência de onde estamos para alcançar os objetivos que sonhamos.

Às vezes, nossos obstáculos, problemas e perda de motivação ocorrem porque não sabemos como o nosso ambiente social funciona. Devemos acrescentar a isso o fato de não sabermos quais são os nossos talentos e interesses, que são a chave para atuar dentro do sistema. Muitas vezes isso nos faz sentir frustrados, desesperados e até incompreendidos, porque nos faz pensar que esse grande motor só funciona para poucos — os poderosos ou os ricos. Mas tem muita gente que sabe se adaptar às condições, que as observa, as aproveita e acaba delas se beneficiando.

Por isso, temos de prestar atenção à forma como nos integramos ou ajustamos nossas estratégias pessoais, para podermos responder a esse enorme sistema. Minha vontade é ajudá-lo e, para isso, só exijo o seu comprometimento, pois tudo o que vale a pena na vida exige esforço.

Agora é hora de florescer e de criar uma nova história sob as suas próprias regras, fazendo com que todas as suas experiências sejam vistas de maneira positiva e tenham um impacto real no seu ambiente.

> IMPULSO MILIONÁRIO = FORÇA INTERIOR POSITIVA E ORIENTAÇÃO ALINHADOS AOS SEUS TALENTOS PARA DAR UM ESTÍMULO BENÉFICO À SUA VIDA E LEVÁ-LO A DESFRUTAR DA PROSPERIDADE.

PREPARE-SE PARA CRESCER

Percebi que muitas pessoas atribuem os seus problemas ao governo, às instituições, aos programas sociais ou a qualquer coisa que lhes venha à cabeça. A consequência dessa atitude negativa são pessoas irritadas, frustradas, que fazem o papel de vítimas e esperam que tudo lhes seja dado. Mas, na realidade, você tem potencial, talento e motivação para construir a vida que deseja e merece para si mesmo.

==Meu propósito é ajudá-lo a tomar o controle de sua vida, orientando-o a exercitar esses músculos de sua personalidade chamados **vontade** e **caráter**.==
O que quero dizer com isso? Correr o risco de sair da sua zona de conforto. Estamos acostumados a nos movimentar em uma área conhecida que dominamos, mas, quando você se sente desconfortável, este é o primeiro passo para começar o fortalecimento de sua vontade e de seu caráter. Para alcançar resultados diferentes, é preciso agir de forma diferente. Fique um pouco desconfortável, enfrente a incerteza e resista à tentação de voltar aos velhos hábitos que te dão segurança, mas que te estagnaram. Este é um passo importante

para ficar mais forte. O objetivo é que você encontre novas ferramentas e uma grande motivação que o acompanharão pelo resto da vida, independentemente de como funcione o aparato social.

Quero ajudá-lo a dar passos seguros e firmes, para que as suas decisões sejam acertadas, sem ações perigosas ou hesitantes. A intenção é evitar que você retorne às suas antigas práticas ao primeiro obstáculo que surgir. Isso faria você cair na inércia do sistema e navegar sem rumo.

Convido você a se lembrar de todos aqueles momentos em que sentiu que ia sucumbir. Agora pense que essas situações, na verdade, são oportunidades que nos ajudam a construir algo interiormente, pois trata-se da vida nos preparando para chegar ao próximo nível. E lembre-se: não tente pular etapas, pois tudo tem uma ordem. Pense que, se você está numa situação complicada, é porque foi necessário que aprendesse a lição.

Agora, vamos começar a construir a base que o levará a realizar os seus sonhos. Compartilho com você as primeiras quatro ações:

> PARA CONSEGUIR RESULTADOS MELHORES VOCÊ PRECISA ATUAR DE FORMA MELHOR.

1. **Liberte-se da visão da escassez.** Muitas pessoas acham ótimo ter dinheiro nas mãos — e não há nada de errado nisso, pois todos

nós precisamos dele para satisfazer nossas necessidades. Mas, quando você é programado a partir da escassez, o que você faz é se permitir adquirir coisas que não precisa, pois está apenas tentando preencher um vazio que existe dentro de você. Quem está no controle da sua vida são o sistema e suas ideias preconcebidas. Se você não percebe isso, acaba fazendo o que for preciso para ter cada vez mais. Por exemplo, a mídia nos enche de informações sobre como é fácil pagar com cartão de crédito, e acreditamos que assim será mais fácil financiar o nosso estilo de vida. Por apresentarem dessa forma, tendemos a cair em comportamentos errados que acabam nos endividando. Por isso, o melhor é investir em nós mesmos, nos preparar com cursos e leituras que nos ajudem a entender e controlar melhor nossos gastos impulsivos.

2. **Cuide-se todos os dias: você é o protagonista desta obra.** Como alguém poderia ter força e motivação para gerar prosperidade se dentro de si não há paz, ordem e motivação? Essa é a razão pela qual muitas

pessoas não encontram uma saída clara, porque estão sobrecarregadas e não têm os nutrientes emocionais ou econômicos para enfrentar o sistema. ==A base de toda prosperidade é encontrada no amor-próprio. Você é o seu maior patrimônio e, como tal, deve primeiro cuidar de si mesmo.== Comece acreditando em si mesmo. Corte as frases que você diz para se desacreditar e troque-as por palavras que o encorajem e capacitem, como "eu posso" ou "eu mereço ser feliz". Que tal começar a fazer isso todas as manhãs, quando se preparar para ir para o trabalho, para a escola, a universidade ou para iniciar alguma de suas atividades?

3. **Prosperidade com significado.** Milhares de pessoas passam pela corrida da vida em busca do sucesso, mas sem um propósito claro e definido. Elas não têm ideia de por que desejam ter riqueza material. Você acha que ter e administrar uma empresa com mil funcionários não implica grande responsabilidade e conhecimento do seu propósito? Pessoas bem-sucedidas sabem claramente por que e para que desejam

ser prósperas e sabem o que farão com o dinheiro que possuem. E você, tem alguma ideia?

4. **Absorva tudo, mas tenha um propósito claro.** O mais importante é construir uma vida com projeto. Comece identificando no que você é bom. Reconheça quais são seus interesses, seus dons e talentos naturais e alimente-os. Procure livros, cursos, vídeos ou *podcasts* que ofereçam algo a mais. Dessa forma, você transformará o bom em extraordinário. Eu chamo essas ferramentas de "vitaminas para o seu talento". Assim, você se tornará um especialista naquilo que gosta e ama.

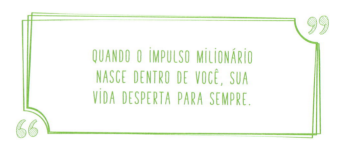

QUANDO O IMPULSO MILIONÁRIO NASCE DENTRO DE VOCÊ, SUA VIDA DESPERTA PARA SEMPRE.

CULTIVE A VIDA QUE VOCÊ PROCURA

Muitas vezes, o ritmo de trabalho e as exigências familiares, econômicas e sociais podem nos fazer cair numa rotina que nos leva a perder o entusiasmo e a motivação. Se você está estressado, é impossível pensar ou se relacionar de maneira satisfatória. No longo prazo, isso o impede de realizar seus sonhos. Para reverter a situação, você precisa decidir mudar suas atitudes e examinar suas motivações pessoais.

Por isso, convido você a questionar suas próprias circunstâncias e se fazer perguntas importantes, por exemplo: Como posso usar melhor meu tempo? O que deve me motivar? Vale a pena ficar com raiva de algo trivial e desperdiçar minha energia nisso? Perguntas inteligentes podem dar uma melhor direção e orientação à sua vida. Se você se questionar dessa maneira, poderá escolher suas motivações com maior clareza e precisão. Você poderá ter um impulso constante e dinâmico que lhe permitirá escolher a vida que realmente deseja para si, sem confusões.

À medida que fortalecemos o nosso impulso para assumir o controle da nossa vida, criamos uma conexão com nossa imaginação e nossa criatividade e nos tornamos mais conscientes de nossas verdadeiras motivações.

Se você quer se apropriar do seu tempo, descobrir suas motivações e desenvolver seu impulso milionário, aplique os passos que compartilho a seguir, pois são um ponto de partida para a nova vida que você procura. Pegue lápis e papel e vamos lá!

CONSTRUINDO SUA NOVA PESSOA

Descreva como você deseja viver a partir de hoje. Pense na atividade que você ama, pela qual você é apaixonado. Visualize-se. Aonde você quer chegar? O que você deseja conquistar? O que você aspira? Quais pontos fortes você tem e deseja trabalhar? Quais pontos fracos você deve abordar? Não deixe nenhum detalhe à deriva. Esta folha será o seu novo mapa. Emoldure-a ou guarde-a em um local especial — e assine-a.

Não deixe as coisas para amanhã e comece a viver de acordo com a sua descrição hoje mesmo. Siga passo a passo, mas nunca pare. Faça isso com entusiasmo e cuidado. Lembre-se de que este será o seu novo estilo de

> vida. Eu quero que você se torne um ser heroico. Você tem que ser seu próprio herói ou heroína, você vale a pena. Portanto, prepare-se com diligência e atenção plena para melhorar. Corra atrás, o tempo não para.

> Não se concentre no lado negativo do que pode acontecer enquanto você navega em seu novo estilo de vida. Preste mais atenção ao que você conquistou e ao que aprendeu com seus erros. Reserve um momento do seu dia para revisá-lo.

> Não preste atenção aos comentários pessimistas ou desanimadores de outras pessoas. Dedique palavras valiosas a você mesmo todos os dias. Motive-se, presenteie-se com frases de incentivo. Descubra que você tem o poder e a grandeza dentro de você. Encontre seu novo impulso e compartilhe-o com o mundo.

Este pequeno guia é uma ferramenta que o ajudará a se renovar, a ter prioridades mais claras e a afirmar todos os dias que tem uma atitude vencedora. A partir de agora, diga: "É segunda-feira e viverei de acordo com o meu plano de vida. Nele, eu estabeleço as regras. Sou eu quem desenha a vida que desejo. Eu me adapto e me renovo". Você está na luta, ostentando uma bandeira milionária acima da cabeça e no seu coração. Nossa vida vale a pena, não vamos desperdiçá-la.

Essas etapas, assim como as outras que você encontrará ao longo do livro, o ensinarão como dominar seus três impérios: o mental, o emocional e o financeiro. Em que consiste cada um deles?

- **Império mental:** poder e capacidade de pensamento que nos leva a realizar ações positivas ou negativas. Lembre-se de que o que acontece em sua mente acontece em sua vida.

- **Império emocional:** poder e capacidade de sentir. Ele nos permite expressar e gerenciar todas as emoções que experimentamos. Suas emoções o impulsionam ou o traem?

- **Império financeiro:** poder e capacidade de usar sabiamente os nossos recursos econômicos para gerá-los, preservá-los e multiplicá-los ao longo do tempo.

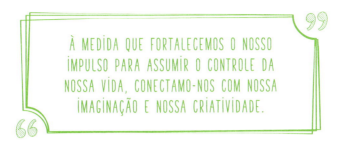

> À MEDIDA QUE FORTALECEMOS O NOSSO IMPULSO PARA ASSUMIR O CONTROLE DA NOSSA VIDA, CONECTAMO-NOS COM NOSSA IMAGINAÇÃO E NOSSA CRIATIVIDADE.

O VERDADEIRO VALOR

Há alguns dias encontrei por acaso um velho conhecido em um *shopping*, e conversamos um pouco sobre as nossas vidas. Percebi que a vida o atingiu com muita força, como talvez muitos de nós já tenhamos sentido em algum momento. O mais lamentável foi ver seus olhos tristes e sem vida, seu rosto cansado e seu espírito dominado pelas preocupações do dia a dia. Ele me disse que estava farto da maneira como as coisas funcionavam e se sentia muito sobrecarregado.

Depois desse encontro, percebi a importância de não trair o nosso eu interior e de construir a nossa vida sobre os alicerces do que é verdadeiramente valioso. Mas você pode perguntar: o que você quer dizer com isso? Quero dizer que o verdadeiro valor está em reconhecer em cada um de nós o potencial que nos levará a cumprir um propósito nesta existência. Ou seja, trata-se de encontrar nos nossos dons e talentos naturais um significado pessoal que, ao mesmo tempo, nos permita acrescentar valor ao mundo. Ter um propósito claro e pessoal nos motiva. Como tal impulso não vem de fora, mas nasce dentro de nós, ele nos ajuda a ultrapassar dificuldades e a superar todo tipo de obstáculos para alcançar uma maior realização, com paz interior e os alicerces para desenvolver um projeto de vida.

Da mesma maneira que notei essas características nele, observo que milhares de pessoas se sentem sobrecarregadas e imersas em diversas crises. Isso as leva a perder a paciência e a tolerância, provoca a estagnação profissional e, em casos graves, a destruição de famílias e a falência de empresas. A boa notícia é que tudo isso pode ser revertido. Ao longo do livro, revelaremos os princípios que não podem faltar para construir as bases do seu impulso milionário.

SEU INTERIOR
É UM JARDIM FLORINDO.

ENCONTRE SEU FOCO

Meu processo para me tornar uma pessoa livre de preconceitos ou ideias preconcebidas — que é como eu as chamo — foi longo e doloroso. Primeiro, tive que enfrentar meus demônios. Apegos, dúvidas e medos nos aprisionam na hora de agir. Então, para pensar diferente, me sentir mais confiante e me visualizar como um vencedor, decidi quebrar os moldes que me limitavam. E parte desses moldes incluía rotinas, ideias preconcebidas e medos herdados. Se não tivermos consciência disso, acabamos agindo da mesma forma, mesmo que as circunstâncias mudem. Entramos numa zona de conforto e ali nos esquecemos do que é valioso para nós. No meu caso, descobri que meu propósito é motivar e capacitar as pessoas. Era nisso que eu queria focar, então coloquei toda a minha atenção e forças em perseguir meu objetivo.

Enfrentei críticas e muitas vezes duvidei da minha maneira de pensar e de fazer as coisas, mas mantive minha posição. Isso me ajudou muito a fazer uma autoavaliação, pois ali estavam inscritos o meu potencial e a minha realidade. Percebi que devemos ser guardiões de nossa vida. Assuma a sua responsabilidade por isso. Portanto, a sua primeira busca deve ser pelas coisas que dão paz ao seu interior, pois com isso:

- sua mente funcionará melhor;

- você terá mais paciência e controle sobre a sua vida;

- você viverá com menos conflitos internos;

- você desenvolverá maior clareza mental.

Hoje, o ritmo de vida é muito rápido. A essa velocidade devemos acrescentar que o mundo tecnológico nos inunda de estímulos e fragmenta a nossa atenção. ==Por isso é muito fácil perder o foco e acabar sendo menos produtivo==. O sistema em que vivemos tem tantas distrações que durante o dia nos perdemos diante do bombardeio infinito de informações que chega até nós de todos os lugares e não é necessariamente benéfico.

Uma das distrações do dia a dia é a desordem. Se o seu local de trabalho for caótico, isso o impedirá de ter a harmonia e o silêncio necessários para manter os pensamentos claros e focados no plano do dia. Outro exemplo é um simples WhatsApp pela manhã, que pode te desconectar e muitas vezes até te afastar do seu foco. Quando você percebe, já perdeu muito tempo com tarefas que não geram valor real. Por outro lado, se você focar a sua atenção em cumprir suas metas no percurso da nova pessoa que deseja ser, com todo o seu desejo e todo o seu ser, você gerará um novo *chip* mental que o impulsionará a se tornar a sua melhor versão para desenvolver as atividades do dia a dia.

Pense que, num mundo atribulado, simplificar é uma boa ideia. Esse elemento é essencial para manter o foco e fazer o sistema trabalhar a seu favor. Se você leva uma vida orgânica e sem tantas complicações, a tecnologia deixa de ser uma distração e passa a ser um impulso que o ajudará a atingir suas metas e seus objetivos com maior rapidez. Por quê? Porque, ao conhecer a si mesmo e saber o que procura, você dará maior importância ao que é verdadeiramente significativo para você.

UM LOCAL DE TRABALHO CAÓTICO IMPEDE QUE VOCÊ TENHA HARMONIA.

Será muito mais fácil identificar o que te dá valor e o que não dá. Você não se perderá no mar de informações que nos rodeia. Pelo contrário, a informação na internet será uma ferramenta muito útil. Você saberá o que procurar e como usar as redes sociais para avançar em seus objetivos.
A simplicidade faz parte do seu impulso milionário. Seu estilo de vida é que o levará aonde você sonhou.

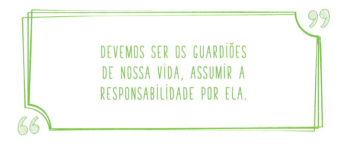

DEVEMOS SER OS GUARDIÕES DE NOSSA VIDA, ASSUMIR A RESPONSABILIDADE POR ELA.

UMA VIDA SIMPLES

Minha intenção é ajudá-lo a construir uma vida mais focada e simples. Vamos abordar o tema com maior profundidade no próximo capítulo, mas por enquanto deixo algumas recomendações valiosas para que você possa começar a considerar e seguir esse estilo de vida.

1. **Tenha consciência sobre si mesmo.** É a pura verdade que nas atuais circunstâncias nós deixamos de olhar para o nosso interior. Nem sabemos quem somos ou por que agimos de determinada maneira. Sofremos de raiva, frustração ou nos tornamos vítimas. E por quê? Bem, porque focamos nossa energia para o lado externo e o sistema acaba moldando nossa personalidade. Por exemplo, não temos consciência de como as crenças herdadas, a educação que recebemos e as ideias do lugar onde crescemos nos influenciam. Então repetimos comportamentos automaticamente. ==A consequência é que nossas respostas emocionais nos impedem de funcionar como desejamos,== e isso nos faz sentir incompletos ou deslocados e acabamos presos, sem aquele impulso vencedor que necessitamos em nossa vida. Daí a importância de olhar para dentro. Você sabe quem você realmente é e o que procura?

2. **Construa no seu eu mais profundo.** Parágrafos atrás eu comentei sobre como a autoestima é valiosa para mim. Agora, eu o convido a esse exercício. A seção "Construindo

sua nova pessoa" será de grande ajuda para você. Ao explorar dentro de si mesmo, você descobrirá quem você é e para onde está indo. E isso só aumentará suas chances de sucesso. O problema é que atendemos primeiro ao exterior, então o processo fica incompleto para o propósito que queremos alcançar. Por isso, o melhor é fazer um exame completo de suas verdadeiras motivações. **As pessoas bem-sucedidas e com impulso milionário estão programadas para vencer e sonhar grande.**

3. **Busque o minimalismo.** Nosso sistema econômico nos afundou em um jogo muito confuso, no qual muitas vezes acabamos cheios de dívidas. Estamos programados para consumir tudo, desde pessoas, amigos, vícios, itens etc. O problema é quando isso se torna um apetite insaciável. Se gastamos naquilo que não precisamos, como vamos investir naquilo que dá sentido à nossa vida? É por isso que temos de nos preparar todos os dias para desenvolver uma vida minimalista, pois assim não violaremos o nosso interior. Pelo contrário, estaremos

nos fortalecendo como quem vai à academia todos os dias e estimula os músculos para que fiquem fortes. Da próxima vez, quando vir algo que deseja comprar, pare e faça uma distinção entre o que é um desejo e o que é uma verdadeira necessidade.

TEMOS QUE NOS PREPARAR DIARIAMENTE PARA DESENVOLVER UMA VIDA MINIMALISTA.

4. **Pratique o desapego.** As pessoas muitas vezes sofrem de ansiedade, maus hábitos e desejos excessivos que levam à ganância e ao orgulho porque desenvolveram apegos prejudiciais em sua vida. Querem mais reconhecimento, mais roupas, mais emoções. Mais de tudo. Mas elas têm medo de perder seus bens. Elas se sentem inseguras se não os têm, e a ansiedade faz com que se apeguem mais a eles. O resultado é que eles desaparecem completamente do nosso horizonte. Quando há desapego em sua vida, sua mente se desbloqueia, e então surge a clareza mental que nos permite agir com muita sabedoria. As decisões (sejam nos negócios, em empreendimentos ou questões familiares) ficam mais organizadas. Você reconhece algum apego prejudicial em si mesmo?

Quantas vezes já vimos relacionamentos ou projetos tempestuosos que só bagunçam a vida das pessoas? Eles sempre têm a ver com esses apegos ruins. Há até pessoas que não conseguem ficar sozinhas e, quando terminam um relacionamento, se apegam a outro porque têm pavor do desapego. Elas podem cair no alcoolismo, no vício do jogo, no trabalho excessivo etc. E, claro, esses comportamentos enfraquecem o seu impulso interior.

Tenha essa ciência e você entenderá a importância do desapego e verá que o sucesso vem do seu eu mais profundo. É um fogo interno. Aprenda a observá-lo para que ilumine suas decisões.

Perceba que você realmente não tem nada a perder. Muitas pessoas se apegam às suas posses ou ao reconhecimento, entre muitas outras coisas. Ficam obcecadas por ter, mas se esquecem que a vida é mais. É por isso que vivem com medo e não gostam do processo de criação de riqueza. Por outro lado, se você não se apegar a coisas e emoções negativas ou a ideias obsoletas, você viajará com maior leveza e será mais livre.

No final, tudo vai desaparecer. Mas isso não significa que devemos cair no pessimismo; pelo contrário, é uma realidade libertadora. Tudo passa e flui, então não há nada em que se agarrar. Viemos a esta vida para administrar nossos talentos, nossas emoções e nossa riqueza. Somos administradores do que nos rodeia. Podemos fazer tudo frutificar se aprendermos a explorar os nossos dons naturais e a seguir as regras do sistema. Pense no futebol. Nenhum grande jogador se apega à quadra ou à bola com a qual joga. Claro que não. Eles se dedicam ao jogo, gostam e aproveitam seu grande talento para vencer. É isso que estou buscando para você. Construa a sua riqueza e a sua prosperidade, aproveite o processo, sinta, viva e aprenda.

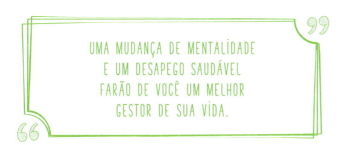

UMA MUDANÇA DE MENTALIDADE E UM DESAPEGO SAUDÁVEL FARÃO DE VOCÊ UM MELHOR GESTOR DE SUA VIDA.

GERANDO UM NOVO IMPULSO

Convido você a anotar em um caderno as suas reflexões sobre o que é verdadeiramente valioso na sua visão. Começaremos pelos seus sonhos, mas também revisaremos os seus apegos, pois eles fazem parte do seu mundo interno. Para finalizar, compartilho com você um exercício para que comece a sair da zona de conforto. Ouse dar o primeiro passo e colocar em prática o seu impulso milionário.

1. Quem te inspira e por quê? Identifique o que você admira nessa pessoa e o que gostaria de mudar em sua vida. Pode ser sua confiança ao falar com as pessoas, suas habilidades empresariais ou alguma outra característica que você deseja incorporar a si mesmo.

2. Qual sonho você tem há anos, mas que não realiza por medos ou ideias preconcebidas? Tire da gaveta os projetos pendentes que você considera alinhados com seus talentos e interesses. Pense em quais ferramentas ou conhecimentos você precisa para começar.

3. Quais coisas você tem medo de perder? O que aconteceria se você não as tivesse mais? Como você resolveria essa perda?

4. Pense em uma atividade que você não ousou fazer por medo, constrangimento ou receio de críticas. No meu caso, eu tinha muito medo de falar para um grande público. Quando surgiu a oportunidade de me dirigir a um público de quatrocentas pessoas, aproveitei. O medo não desapareceu, mas decidi que o que os outros diziam sobre mim não precisava me afetar. Para começar a se capacitar, você precisa se sentir desconfortável. Então, pegue um dos seus medos e enfrente-o. Comece com um que você possa dominar e defina pequenas tarefas para você. É melhor começar aos poucos para ganhar confiança. Durante o processo, escreva como você se sente e o que aprendeu.

UM SEGREDO QUE TE IMPULSIONA

SE VOCÊ DESEJA PROVOCAR MUDANÇAS POSITIVAS EM SUA VIDA, PROMETA TRABALHAR EM ALGO QUE ESTEJA ALINHADO COM SEUS INTERESSES E TALENTOS NATURAIS. VISUALIZE AONDE VOCÊ QUER CHEGAR. ESTABELEÇA METAS REALISTAS QUE POSSAM SER MEDIDAS PARA AVALIAR O SEU PROGRESSO. ESSA PROMESSA INICIAL O AJUDARÁ A SE CONCENTRAR E LHE DARÁ FORÇA NOS MOMENTOS DIFÍCEIS.

RESUMO MILIONÁRIO

- Use o sistema a seu favor.
- Use seus talentos e interesses.
- Sua vida tem significado.
- Saia da sua zona de conforto.
- Seja o protagonista de sua vida.
- Não atue com visão de escassez.
- Tenha um propósito e foco.

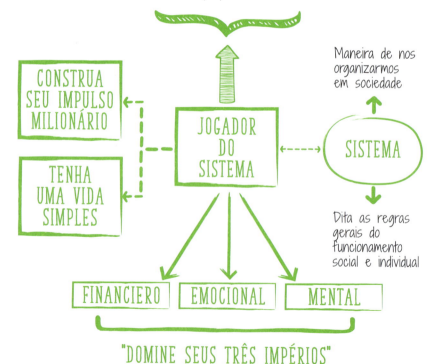

"DOMINE SEUS TRÊS IMPÉRIOS"

CAPÍTULO 2

SIMPLIFIQUE

UMA HISTÓRIA COM IMPULSO

Você já se perguntou para onde vão as sacolas que te dão no supermercado? Talvez você use uma ou duas para tirar o lixo de casa, mas e depois? Confesso que muitos de nós desconhecemos os efeitos que os nossos hábitos têm no planeta, mas, para Gaby Baeza, os problemas relacionados ao lixo não são novidade. Essa jovem estudou Ciências Ambientais e fez mestrado em Desenvolvimento Sustentável na Alemanha. Mas um dia uma pergunta mudou o propósito de sua vida: ==Não seria melhor parar de gerar lixo? Essa ideia simples colocou em xeque muitos de seus hábitos==. Como comprar ou cuidar de sua higiene se a maioria dos produtos vem embalada? No entanto, Gaby estava determinada a deixar de fazer parte do problema: agora, ela seria parte da solução. E assim começou o seu projeto: Lixo Zero.

A pergunta que transformou sua visão foi feita por uma colega pesquisadora, que vivia um estilo de vida minimalista. A menina tinha apenas as coisas de que precisava, e a sua forma de fazer compras produzia pouco desperdício. Graças a ela, Gaby se perguntou se era possível reduzir ou mesmo deixar de gerar resíduos. Ela sabia que a forma mais eficaz de ajudar o planeta era não produzir resíduos. E assim convenceu sua família a participar do experimento e registrou o processo em um pequeno documentário. A partir daí, tudo decolou. A jovem ministrou oficinas de educação ambiental em países como Áustria, Sérvia e Croácia, além de falar sobre o seu projeto em diversos meios de comunicação no México e no exterior. ==Nesse caminho, as redes sociais foram grandes aliadas que lhe permitiram divulgar a sua mensagem.==

Colocar em prática os princípios de um projeto não é tão complicado quanto parece, embora exija muita disciplina.

Por exemplo, em vez de comprar garrafas de água, leve sempre consigo uma garrafa de aço inoxidável; substitua as sacolas de supermercado por sacolas de pano e tente comprar a granel, também trazendo suas próprias embalagens. Esse modelo propõe modificar nossos hábitos de consumo.

Assim, em vez de comprar algo, usar algumas vezes e depois jogar fora, tentamos reincorporar o lixo em nossa vida para que ele continue produtivo. A ideia é aproveitar ao máximo os resíduos, assim como faz a natureza. Nada é desperdiçado, tudo é reaproveitado.

Levar um estilo de vida caro, sem consciência do que compramos, só nos trará dívidas e problemas nas finanças pessoais. O processo de nos enchermos de objetos de que não precisamos é uma falsa ideia de sucesso. Nessa nova era, precisamos mudar a forma como nos relacionamos com o dinheiro. Uma delas é começar simplificando nossa vida e cuidando de nossas despesas.

Assim como Greta Thunberg, outras jovens estão fazendo a diferença com suas ações para nos ajudar na reconexão com a natureza. Ela, essa adolescente sueca que organizou milhares de jovens ao redor do mundo para protestar contra a falta de ação na resolução da crise climática. A jovem já discursou nas Nações Unidas diante de governos poderosos e em fóruns econômicos diante de grandes empresários. Você percebe a força que temos como indivíduos e o peso que nossas ações têm?

No México, Gaby Baeza é uma mulher bem-sucedida e empoderada. A repercussão de seu projeto e a paixão que tem por compartilhá-lo estão impactando as gerações presentes e futuras. Sua proposta, além de sugerir uma forma de fazer compras mais consciente e minimalista, é abrir as portas a novos produtos e mercados muito mais amistosos ao ambiente. Seu projeto chama a atenção das pessoas para a troca de paradigma de que necessitamos nesta nova era. Sua mensagem é a de que a abundância não se limita a acumular, mas sim a descobrir e compartilhar o que é verdadeiramente valioso. E esse é um dos pilares de seu impulso milionário.

UM IMPULSO SEM FOCO PODE TORNAR A SUA VIDA UM INFERNO.

SIMPLIFIQUE SEU ESTILO DE VIDA

Imagine que você está fazendo uma longa viagem. Haverá obstáculos e trechos fáceis, momentos agitados e momentos de descanso. O que você acha que é melhor para você: ir carregado de malas ou viajar leve, somente com o que precisa? Eu sei qual é a sua resposta imediata. Simplesmente transportar apenas o essencial, proporcionando maior liberdade de movimentos. E por que fazemos o oposto em nossa vida? Por que nos enchemos de objetos desnecessários, roupas que usaremos apenas uma vez, alimentos que acabaremos desperdiçando ou itens que acabarão guardados em um canto da casa? Mas vamos mais longe. Peço que você olhe para dentro de si e se pergunte por que carrega emoções negativas tóxicas e limitadoras. É hora de se livrar desses fardos que impedem o seu impulso milionário.

No capítulo anterior, apresentei os benefícios de levar uma vida mais simples. Agora, como você tem uma ideia mais clara do seu propósito e do que realmente importa, faço um convite para que dê o próximo passo: aprenda a carregar apenas o que é essencial. Traga consigo o que você precisa, somente o que realmente agrega valor para você. Não estou dizendo para não se divertir ou aproveitar o seu dinheiro, mas apenas que faça isso sem se perder. Como investir em si mesmo, nos seus projetos, no seu negócio ou na sua família, ou criar prosperidade, se os recursos escapam das suas mãos? Minha intenção é te ajudar a mudar essa visão de escassez para uma mentalidade de abundância. E isso inclui suas emoções. ==Você não pode tomar decisões produtivas ou correr riscos vivendo em um estado de confusão, medo e insegurança.== Quando falo sobre prosperidade, quero dizer criar um estilo de vida sustentável. Já vi casos em que as pessoas acreditam que os seus cartões de crédito são uma extensão do seu salário e gastam por tentação e porque podem adquirir coisas imediatamente e pagar mais tarde. Sem perceber, isso as limita a ter uma vida muito cara. O problema não é apenas o desperdício, mas a desordem emocional que acompanha esse cenário. Crenças errôneas sobre dinheiro representam, no final das contas, um grande desperdício de energia e trazem preocupações desnecessárias. Não é isso que eu desejo a você. Elimine as pretensões da sua mente. Elas apenas intoxicam você e desorientam sua bússola interna.

Fico muito impressionado quando vejo como algumas pessoas fazem de tudo para parecerem ricas ou interessantes. Isso é agravado pela pressão social para se destacar. Queremos nos destacar pelo que temos, e não pelo que somos. Essa vontade de competir surge quando você tem uma relação ruim com o dinheiro. Comparar-se o tempo todo com o seu vizinho só vai causar desgastes. Se você vai se comparar com alguém, que seja para crescer e melhorar como pessoa. Ao longo deste capítulo, direi como começar a modificar essa ânsia interna que inconscientemente o faz invejar o que, certamente, você nem precisa. O que quero propor a você é uma filosofia de vida simples, mas eficaz. É uma forma de saciar a sede de realização sem recorrer ao acúmulo de pertences. Isso para que os bens ou o medo de perdê-los não tirem a sua paz de espírito e para que você aprenda a administrar bem a energia que o levará ao próximo nível.

> ELIMINE AS PRETENSÕES DA SUA MENTE. ELAS APENAS INTOXICAM E DESORIENTAM A SUA BÚSSOLA INTERNA.

LEVE APENAS O QUE VOCÊ PRECISA

A VIDA ORGÂNICA CONSISTE EM LEVAR CONSIGO APENAS O QUE CONFERE VERDADEIRO VALOR. ELA PERMITE QUE VOCÊ PARE DE DEPENDER DE COISAS SUPÉRFLUAS E LIBERE SUA MENTE PARA SER CRIATIVO E APROVEITAR O PROCESSO DE CRIAÇÃO DE RIQUEZA. É COMO LARGAR UM SACO QUE VOCÊ CARREGA HÁ MUITO TEMPO, MAS NEM SE LEMBRA QUANDO O COLOCOU NO OMBRO. O PIOR É QUE MUITAS VEZES TEMOS MEDO DE NÃO SENTIR O SEU PESO SOBRE NÓS, MESMO QUE ISSO NOS ATRASE E NOS CANSE.

Com isso não quero dizer que você deve se privar de confortos ou tenha de usar a mesma calça todos os dias. A ideia é que você tenha consciência do que tem, do que compra e de que pode se desfazer do que não precisa. A chave está no uso.

Quantas vezes nossa casa fica cheias de itens que só atrapalham e até sabemos que não vamos usar? Pense na saladeira que você ganhou de casamento e nunca gostou, ou no suéter que ficou lindo na loja, mas que você nunca usou. Pergunte a si mesmo: "Por que é tão difícil se separar do desnecessário?".

Se você não aprender a distinguir o que é valioso do que é supérfluo, como será capaz de administrar a abundância quando ela entrar na sua vida? Não é por acaso que entre 85% e 90% das pessoas que ganham na loteria perdem tudo cinco anos após receberem o prêmio. Na realidade, elas não estavam preparadas, nem mental nem emocionalmente, para administrar toda essa riqueza.

O que pretendo com essa simples filosofia é lhe oferecer ferramentas para que tenha domínio absoluto sobre si mesmo. E o que quero dizer com isso? Que você desempenhe um papel ativo em suas decisões e circunstâncias, sem se vitimizar. Isso significa assumir a responsabilidade por si mesmo, tanto por suas conquistas como por seus erros.

Ao assumir o controle da sua vida, você percebe que, mesmo que haja acontecimentos que não dependem de você, como um acidente, cabe a você saber como reagir e resolver o que tem pela frente. Você é responsável pelos seus resultados, e essa mentalidade o levará a criar suas próprias oportunidades. Não deixe essa responsabilidade para mais ninguém. Livre-se das teias de aranha mentais que não lhe permitem ver com clareza. Perceba que você merece viver plenamente.

> QUEREMOS NOS DESTACAR PELO QUE TEMOS, NÃO PELO QUE SOMOS.

Não há razão para você macular a sua grandeza enchendo-se de dívidas e objetos de que nem precisa. Os fundamentos de uma boa economia pessoal começam com o controle das menores coisas, e então você terá as ferramentas para administrar as grandes coisas. Você pode dar o primeiro passo agora.

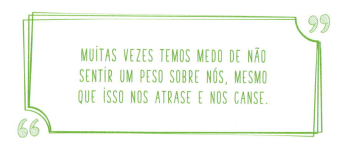

MUITAS VEZES TEMOS MEDO DE NÃO SENTIR UM PESO SOBRE NÓS, MESMO QUE ISSO NOS ATRASE E NOS CANSE.

PRATIQUE O DESAPEGO

O QUE NOS MOTIVA TODOS OS DIAS QUANDO SAÍMOS DA CAMA? ACHO QUE SUA RESPOSTA ESTÁ RELACIONADA A QUERER SER FELIZ. SEI QUE EM SEU CORAÇÃO EXISTE UM DESEJO ARDENTE DE APROVEITAR O TEMPO COM SEUS ENTES QUERIDOS E DE DESFRUTAR DAS COISAS MATERIAIS COM HARMONIA. NÃO HÁ NADA DE ERRADO EM PROCURAR SACIAR NOSSOS DESEJOS, PORQUE É

PARA ISSO QUE ELES SERVEM, PARA FACILITAR O NOSSO DIA A DIA. OS ELETRODOMÉSTICOS NOS POUPAM TEMPO, E OS DISPOSITIVOS ELETRÔNICOS SÃO FERRAMENTAS DE TRABALHO E COMUNICAÇÃO. O DESEJO FAZ PARTE DA NATUREZA HUMANA. MAS A QUESTÃO FICA COMPLICADA QUANDO O EGOÍSMO ESTÁ POR TRÁS DISSO.

Não se engane: o ego pode ser algo positivo quando serve para nos afirmar como indivíduos. Ele nos ajuda na autovalorização e a usar nossos conhecimentos e nossas experiências para desenvolver uma visão pessoal e construtiva da vida. ==Trata-se de um "eu" saudável, aberto à mudança e disposto a compartilhar.==
O egoísmo a que me refiro é negativo e pode nos destruir. Ele surge quando olhamos somente para o nosso umbigo e nos fechamos para compartilhar o que estamos construindo. Certamente você conhece pessoas que querem tudo para si, ou pessoas que buscam adquirir cada vez mais coisas, mas que vivem com medo de perder o que têm. Para elas, tudo se resume a esta frase: "Eu quero". Mas, como mencionei antes, a prosperidade não tem a ver com acumular tudo o que for possível. Além de gerar riqueza, a prosperidade implica também em multiplicá-la e saber partilhá-la.

O EGO PODE SER UMA COISA POSITIVA QUANDO NOS AFIRMA COMO INDIVÍDUOS.

Uma maneira de lidar com a sede de posses é aprender a doar. Ao fazer isso, você sai da sua esfera pessoal e se abre para os outros. Essa atitude é um passo que nos aproxima da felicidade, pois nos permite o desapego emocional dos bens materiais e colocar em circulação nossos recursos e nossa energia. Conheço pessoas que produzem muita riqueza e fazem grandes doações para apoiar boas causas. O surpreendente é que o fazem não por reconhecimento, mas pelo desejo de ajudar e retribuir à sociedade. Você gera riqueza, está disposto a compartilhar e a doar, recebe mais riqueza. É um círculo virtuoso.

Um exemplo que ilustra a importância de doar ocorre quando vivemos eventos fortes, como desastres naturais ou crises humanitárias. Nesses casos, as pessoas aderem, apoiam, doam e oferecem ajuda da melhor maneira possível. Quando você participa, tudo flui, e internamente você se sente muito bem, com energia positiva. É como um refresco para a alma. Isso ocorre porque carregamos generosidade em nossa natureza.

Agora vamos mergulhar totalmente na prática do desapego. Minha primeira sugestão é que você comece tirando da sua casa tudo o que for desnecessário. Jogue fora o que não tem mais propósito em sua vida. Organizar o exterior ajudará você a sentir ordem por dentro. Além de ter mais espaço em sua casa, internamente você sentirá maior clareza, disposição e liberdade. A mente precisa de espaço para ser criativa. Dê isso a ela. Retire roupas e sapatos que você tem há anos e não usa mais, bem como os itens perdidos no fundo do armário. Você pode organizar uma liquidação de tudo isso. Dessa forma, outra pessoa poderá tirar um grande proveito e você receberá uma renda que não esperava. Outra forma de praticar o desapego, e que nos prepara para lidar com o dinheiro no futuro, é doar para uma instituição, grupo ou pessoas que realmente precisem. Uma ou duas vezes por ano, aloque uma porcentagem de sua renda para uma causa. Pode ser que isso dê um pouco de trabalho no começo, mas, quando você começar a doar, será o momento em que você começará a se preparar para receber maior abundância.

Minha intenção é que você se programe para ver o dinheiro de uma forma diferente, pois ele deve circular e fluir constantemente. Se você o represar, estará apenas bloqueando a sua prosperidade. É como se uma planta tivesse uma praga que a impedisse de crescer, florescer e dar frutos. Em vez disso, quando você compartilha sua riqueza, todos se

ORGANIZAR O EXTERIOR O AJUDARÁ A SENTIR ORDEM POR DENTRO.

beneficiam. A mesma coisa acontece com o talento. Desfrutamos de muitas invenções, conhecimentos e melhorias em nossa vida, graças às pessoas que os compartilharam. Por exemplo, quando alguém descobre a vacina para combater uma doença, coloca o seu talento a serviço da sociedade. Além disso, alguém compartilhou seu dinheiro para financiar o talento daquele cientista. Você percebe a cachoeira de abundância por trás disso?

Nas empresas também é possível praticar o desapego e encontrar a ordem. Como consultor, tenho presenciado o apego em muitas organizações. Seus depósitos estão cheios de itens desnecessários e mercadorias amontoadas dos quais ninguém pensa em se desfazer. Além da superlotação, em um caso extremo isso poderia atrasar alguma tomada de decisões. Será sempre bom para sua equipe ter em mãos o que precisa em um local específico e bem sinalizado para fácil manuseio e execução.

QUANDO VOCÊ COMPARTILHA
SUA RIQUEZA, TODOS
SE BENEFICIAM.

GASTE COM SABEDORIA

O pensamento minimalista que proponho busca a simplicidade e a consciência do que adquire. Como você pode ter um impulso milionário bem encaminhado se aposta apenas no preço na hora de comprar, sem levar em conta qualidade e utilidade? Tem gente que, na vontade de comprar barato, compra algo que acaba não tendo mais utilidade ou se deteriora rapidamente. Um exemplo comum são as baterias de automóvel. Existem algumas de boa qualidade e com preço adequado, e outras de uso médio que são vendidas pela metade do custo. Sem dúvida são mais baratas, o problema é que depois de dois ou três meses elas falham e você acaba gastando de novo. Você percebe o desperdício? Esteja consciente de que o que você compra economiza recursos e simplifica a sua vida.

==**Antes de comprar algo, pergunte-se sempre: "Eu realmente preciso disso?".**== Lembre-se de que, para criar abundância, sua mente deve estar focada no valor e no propósito. Isso é o que eu chamo de comprar com sabedoria. Por isso, é importante que você pare de comprar automaticamente. Compartilho agora as seguintes recomendações para que você possa comprar com maior sabedoria.

1. **Torne-se seletivo.** Analise as vantagens e desvantagens do produto que você vai adquirir. Observe a marca, se ela inclui garantia, compare o preço com outros itens similares; procure também os benefícios que o fabricante lhe oferece, como atendimento por telefone ou internet. Isso lhe dará parâmetros valiosos em suas compras. Planeje e pesquise antes de gastar.

2. **Obtenha benefícios reais com isso.** Pense se seus gastos terão um impacto positivo em sua vida. ==Ou seja, determine qual valor ele agrega.== Talvez você queira um telefone de última geração, mas seu uso se resume a apenas cinco ou seis aplicativos. Em que isso mudaria a sua vida?

3. **Gerencie suas emoções.** Não se deixe levar pelo entusiasmo na hora de gastar, pois muitas vezes essa energia nos confunde. Os sentimentos superficiais são maus conselheiros. Pergunte a si mesmo: "O que acontecerá se eu não puder ter o relógio de que gostei agora?". Deixe a resposta descansar, para que a emoção não tome conta de você.

E nunca carregue dinheiro extra, pois você pode cair em tentações.

4. **Planeje seu uso.** Se você vai usar o que deseja comprar mais de uma vez, naquele momento ou no curto prazo, então trata-se de um gasto inteligente. Se você não o utiliza há 45 dias, ele está se tornando um objeto desnecessário.

5. **Controle seu ego.** O desejo de pertencimento ou de deslumbrar os outros é a receita infalível para arruinar as finanças das pessoas. O noticiário está cheio de artistas e atletas falidos que não souberam administrar seu dinheiro. Consumir mais não lhe dá mais "poder". Não deixe seu cérebro enganá-lo com promessas de privilégios. Dê tempo à compra.

A VERDADEIRA PROSPERIDADE E O IMPULSO MILIONÁRIO SE BASEIAM NO DESAPEGO.

DESENVOLVA UM ROTEIRO DIFERENTE

Desde o momento em que nascemos, a sociedade nos impõe um roteiro que devemos seguir. Por um lado, ela nos define e nos atribui um papel: somos filhos, pais, irmãos, empresários, profissionais. Ela também determina como devemos nos comportar de acordo com esse papel e quais objetivos alcançar para demonstrar que somos bem-sucedidos; por exemplo, ter uma carreira e nos casarmos, alcançar uma posição de poder ou ter uma montanha de bens. Mas este roteiro raramente se alinha com os nossos verdadeiros interesses e propósitos na vida. E também não leva em conta se para obter esse prestígio e tais bens é necessário passar por cima dos outros.

Quero pedir que você pare por um momento e olhe o roteiro que você pode estar seguindo sem perceber. Você identifica os preconceitos que o acompanham? Você reconhece as ideias preconcebidas que moldaram seus comportamentos e suas decisões? Como você se relaciona com o dinheiro? Você sente que está perseguindo algo que realmente não combina com você e nem ao menos quer alcançar? Por que você faz isso?

Agora vou te dizer que não é necessário seguir um papel que não corresponde ao que você é ou ao que busca. Quando cria o seu próprio roteiro, você vive com menos estresse porque se dedica ao que combina mais com seus interesses e com o que te faz feliz. Isso reduz o fardo social de pertencer e se adaptar a um papel com o qual você não se identifica. Outro benefício de escrever o seu próprio roteiro é que você não tentará mais preencher as suas lacunas com dinheiro. À medida que seu relacionamento com o dinheiro mudar, seus hábitos de consumo também mudarão. Por isso você preferirá o que agrega valor à sua vida e, portanto, terá menos dívidas. Sem perceber, esse novo roteiro impactará na qualidade dos seus relacionamentos, pois você funcionará com maior tranquilidade e autenticidade. E, acima de tudo, usará plenamente o seu tempo e a sua vida, porque saberá para onde está indo. Isso é ter controle sobre a própria vida.

Um dos aspectos fundamentais desse roteiro é a sua relação com o dinheiro. Quando você sabe que se trata apenas de uma ferramenta para produzir e compartilhar abundância com os outros, não precisa mais gritar para o mundo que você é superior. Não há razão para se gabar dos lugares que visita e das marcas que veste. Pense em Steve Jobs, fundador da Apple, que sempre vestia uma camiseta preta simples, *jeans* e tênis. Ou Mark Zuckerberg, o jovem milionário que desenvolveu o Facebook, que costuma usar roupas simples, embora eventualmente apareça com ternos ou roupas de marcas caras. Mas não me entenda mal: com esses exemplos, não quero dizer para você não se vestir bem ou não ter coisas bonitas. Só quero lembrar que acumulamos com muita facilidade itens que não nos trazem valor e apenas fomentam nossos apegos. Claro que você pode ter um bom carro, uma linda casa e férias merecidas, mas tudo com ordem e sabedoria. ==Aproveite a vida, pois é para isso que ela serve. Apenas esteja ciente de que tudo o que compra deve ser funcional para você.== É simples assim. Orgânico e minimalista.

Quero que você siga livre e leve, mas com abundância mental e emocional. Criar seu próprio roteiro o aproximará da vida plena que você procura. Considere os três aspectos a seguir ao desenvolver o roteiro de sua nova história:

- **Acompanhe a sua história interna.** O primeiro passo para ser o autor da sua história é estar sempre atento a seus talentos e interesses.

Esses são os elementos essenciais da trama que você deseja contar ao mundo. Quando você é protagonista da sua vida, define seus objetivos de acordo com o que o faz se sentir realizado e feliz. O roteiro vai além de um plano. Trata-se de uma história interna que inclui como você se vê, qual é o seu propósito, qual atitude tem diante da vida, quais são os seus valores e o que você deseja compartilhar com as pessoas ao seu redor para o benefício de todos. Abandone os argumentos que outros escreveram. Este é o seu momento de grandeza.

QUERO QUE VOCÊ SIGA LIVRE E LEVE, MAS COM ABUNDÂNCIA MENTAL E EMOCIONAL.

- **Seja o produtor da sua vida.** No cinema, toda grande história tem um produtor que reúne recursos para contá-la. Cabe a ele decidir o que gastar e o que economizar em benefício do filme. Então, analise a sua relação com o dinheiro e perceba se você é o produtor executivo que sua história exige. Você vive com medo de perdê-lo, você o desperdiça ou acha que é "ruim" ter dinheiro? O dinheiro é seu aliado estratégico. Saber como ele funciona para fazê-lo crescer permitirá a geração de ativos que o ajudarão a aproveitar a vida de acordo com o seu próprio roteiro. No sexto capítulo falarei mais sobre esse assunto.

- **Construa o seu protagonista.** Grandes atores e atrizes são mestres em administrar suas emoções. Como protagonista, você é responsável por trazer à realidade o roteiro que escreveu para si mesmo. Por isso, é preciso encontrar um equilíbrio emocional saudável. É fundamental que você saiba como se comportar consigo mesmo e com os outros, e que identifique seus sentimentos. Emoções mal gerenciadas não afetam apenas a sua felicidade, mas também o modo como você se relaciona com dinheiro e como você se percebe. Aprender a administrá-los permitirá que você evite apegos ruins (como vícios) e o ajudará a construir seu caminho para a abundância. Prepare-se para desempenhar o papel mais importante do mundo: o da sua própria vida.

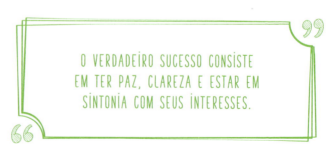

O VERDADEIRO SUCESSO CONSISTE EM TER PAZ, CLAREZA E ESTAR EM SINTONIA COM SEUS INTERESSES.

VIVA UMA VIDA ORGÂNICA

Hoje, milhares de pessoas vivem em uma prisão por dívidas, mas não sabem como sair dela. Ignorar o problema não é solução. Devemos nos preparar para identificar sinais de alerta e nos antecipar antes que as coisas piorem. Por que a preparação é importante? Imagine que você entra em uma competição sem treinar, que está com péssimas condições físicas sem nem sequer estar usando uma roupa esportiva. Eu lhe garanto que você não vai aguentar muito. O mesmo acontece diariamente com quem não encontra o caminho nem os meios para resolver a sua situação financeira.

==Uma maneira de se preparar para começar a resolver obstáculos financeiros é reduzir despesas e viver uma vida mais simples, ao mesmo tempo que paga suas dívidas.== Isso exige esforço, paciência e perseverança, mas não é uma tarefa impossível. Muitos acreditam que simplificar o estilo de vida vai limitá-los, mas acontece o contrário, pois portas inesperadas se abrirão. Se você deseja obter melhores resultados, deve estar disposto a tomar as medidas necessárias. Os vencedores fortalecem suas habilidades para concorrer ao grande prêmio.

E se você não quiser pagar o preço, continuará tendo resultados normais.

A vida minimalista nos prepara para uma gestão mais eficaz do dinheiro. Mas de pouco adianta se você não coloca isso em prática. Então proponho um desafio. Convido você a viver apenas com 60% do dinheiro que chega às suas mãos. Isso não é para sempre, é uma medida temporária enquanto você resolve seus problemas financeiros. Você também pode fazer isso se quiser economizar o suficiente para desenvolver uma fonte de renda alternativa, como um novo negócio ou um investimento. Isso lhe permitirá ter um aparato econômico funcional.

==Você sabia que há pessoas que acabam adotando essa medida como estilo de vida?== Faça o teste e perceba que é possível. Isso o ajudará a fortalecer o seu impulso milionário para gerar mais riqueza. Quando as pessoas não sabem o que fazer com o dinheiro, elas o gastam. Mas, quando você lida com isso de forma consciente, ele começa a ser investido e a multiplicar. Por isso, é importante que você pense em como e onde vai aportar suas economias. Quero propor que você não se concentre apenas em resolver suas dívidas. Procure desenvolver outra fonte de renda que complemente a que você já tem. Pode ser um imóvel que você posteriormente alugará ou venderá, pode ser a compra de máquinas automáticas para pontos de venda ou o capital necessário para iniciar o negócio dos seus sonhos. Qual destino você daria a esse dinheiro de acordo com o seu novo roteiro de vida? A seguir, descrevo os passos fundamentais para que você possa começar a trabalhar nisso.

Passo 1. Desenvolva um novo programa mental: visualize o destino que você dará às suas economias. Pesquise opções de investimento, descubra quão confiáveis elas são e estabeleça um valor a ser alcançado. Metas são bússolas essenciais para guiá-lo. Esta etapa envolve ajustar a sua programação mental em relação ao dinheiro.

Essa programação é um pilar da abundância porque determina o que você pensa, qual atitude você toma e, consequentemente, como vai agir. Se você sabe qual é a relação que tem com o dinheiro e qual propósito lhe dará, então ele trabalhará para você. Será você quem ditará para onde ele deve ir e o investirá de acordo com seus interesses. Grave isso.

Passo 2. Simplicidade acima de tudo: caso ainda não esteja claro, vou repetir: não gaste com o que

UMA VIDA MAIS SIMPLES PERMITE QUE VOCÊ SEJA MAIS PRODUTIVO E EFICIENTE E O AJUDA A MANTER O FOCO.

não precisa. Este é um dos princípios que o levarão à abundância. Uma vida mais simples permite que você seja mais produtivo e eficiente e o ajudará a manter o foco. Se você tiver bastante clareza de como usar o dinheiro economizado, não vai querer se desviar do caminho que se propôs a seguir. Você definirá melhor as suas prioridades. Isso também se aplica à forma como utilizamos nosso tempo, uma vez que não podemos nos afogar em atividades apenas para nos ocupar. Estaremos atentos ao que surgir no nosso caminho, em vez de adiar, e seremos capazes de desfrutar da criação de riqueza ao mesmo tempo que a construímos.

Passo 3. Crie um orçamento e comprometa-se a segui-lo: o desafio é viver com apenas 60% da sua renda, por isso é importante que você retire tudo o que for desnecessário e evite compras compulsivas. Percebi que, em média, gastamos entre 15% e 30% do nosso dinheiro em coisas desnecessárias. O melhor para acabar com essas perdas é criar um orçamento mensal, pois ele dará ordem aos seus gastos. Como fazer isso? Crie uma lista de suas necessidades e despesas pessoais (alimentação, transporte, vestuário, saúde, entretenimento, moradia, serviços etc.). Agora, some sua renda (salário, pensão, juros de investimento etc.) e, por fim, subtraia da sua renda as despesas mensais. Faltou ou sobrou? Isso permitirá que você controle a saída de dinheiro para não ficar sufocado no final do mês. O orçamento permite ver onde há vazamentos, o que você pode reduzir e o que precisa cortar completamente. Algo muito importante é que você não toque nos 40% que vai economizar. Não caia em tentação, nem sabote o processo. Considere essa etapa um exercício semelhante a limpar sua casa e levar o lixo para fora quando terminar. Perceba que com esses ajustes você irá mais longe do que imaginava.

Passo 4. Adapte-se às novas circunstâncias: nos primeiros três meses você notará que está sentindo falta do dinheiro que estava acostumado a ter, mas não se preocupe. Como todas as mudanças, no início pode ser um pouco difícil. Porém, após um breve período, você se adaptará às novas circunstâncias de vida. Tudo irá bem se você permanecer firme. Você está aprendendo a gastar com sabedoria, não está se limitando; em vez disso, está sendo inteligente com seu dinheiro. Isso me lembra um ditado popular que diz: "É preciso cuidar das moedas, as notas cuidam de si mesmas". Se você quiser chegar a outro nível, terá de fazer o que muitos não estão dispostos. Lembro-me do filme *Em busca da felicidade*, estrelado por Will Smith. Seu personagem passa por grandes dificuldades que em determinado momento o levam a dormir no metrô e a quase não ter o que comer. O que permite que você siga em frente é a visão do que deseja alcançar. Ele sabe que tem um dom especial com os números e um talento para se relacionar com as pessoas. Ambas as características o ajudam a se tornar um corretor da bolsa de sucesso em Wall Street. Seus sacrifícios tinham um propósito. Não se esqueça de que paciência e perseverança são trampolins para a liberdade financeira.

Passo 5. Domine o processo: ao arrecadar o valor que definiu como meta, inicie seu plano de investimentos. Se você está pensando em comprar um imóvel, um terreno, uma casa ou começar um negócio, em breve poderá reunir o suficiente para o pagamento da entrada ou do financiamento. Muitas pessoas acreditam que isso não pode ser realizado. Mas trata-se de um mito. Esses 40% que você está economizando são o dinheiro que você está tirando de compras desnecessárias, então você não tem nada a perder porque era algo que

O ORÇAMENTO PERMITE VISUALIZAR ONDE ESTÃO OS VAZAMENTOS, O QUE SE PODE REDUZIR E O QUE PRECISA SER CORTADO COMPLETAMENTE.

já estava gastando. No longo prazo, o processo de evitar compras inúteis e acumular esse recurso lhe renderá uma quantia significativa. Você acha impossível conseguir economizar uma quantia significativa? Faça o teste. A maravilha é que na hora de colher os frutos você pode repetir o processo até aperfeiçoá-lo. Visualize, planeje, implemente, adapte, colha os frutos e repita. Tudo será em seu benefício. Quanto mais você praticar, mais preparado estará para obter resultados melhores. Você será como aqueles carros de corrida cujos motores e pilotos estão em suas melhores condições. É assim que funciona o nosso impulso milionário: você precisa estar preparado para entrar na corrida da vida. Quero ver você cumprindo um papel exemplar até chegar à linha de chegada, para depois curtir o pódio com os vencedores.

Lembre-se de que o dinheiro é uma ferramenta que o impulsiona para atingir seus objetivos. Mas ele só o ajudará a ser feliz se você respeitar internamente quem você é. Dessa forma não cairá em práticas destrutivas como desperdício ou trapaças. O verdadeiro sucesso tem a ver, antes de tudo, com a paz interior. E isso significa que você está claramente em sintonia com seus interesses. Ao propor um estilo de vida orgânico, procure torná-lo responsável por suas decisões, consciente da sua relação com o dinheiro e, como consequência, apto a organizar a sua vida a partir do roteiro que você mesmo escreveu em seu dia a dia.

O IMPULSO QUE ADORMECE É LEVADO PELA CORRENTE.

GERANDO UM NOVO IMPULSO

Estar ciente de seus apegos e de qual é a sua programação mental o ajudará a fazer as mudanças necessárias para uma vida mais simples e livre. Peço que você pegue lápis e caderno e responda às seguintes perguntas:

1. Identifique três apegos problemáticos que você acha que estão impedindo o seu crescimento. Podem ser hábitos financeiros, como fazer compras impulsivas durante as temporadas de promoção, ou ter certos pensamentos limitantes, como julgamentos negativos sobre quem você é e o que faz.

2. Como você descreveria a sua relação com o dinheiro? Pense se você pode conversar abertamente sobre o assunto com a sua família, companheiro e amigos, ou se é um tabu que você prefere evitar. Isso permitirá que você perceba as ideias que o cercam e quais emoções ele desperta em você, para que possa fazer os ajustes necessários.

3. Quais alternativas podem ajudá-lo a simplificar os seus gastos? Com base no orçamento que você vai preparar para levar uma vida orgânica, encontre as áreas

que sangram mais dinheiro do que entra. Pense em soluções para essas perdas. Por exemplo, você pode fazer compras junto com seus vizinhos ou amigos para adquirir produtos a granel e assim reduzir os valores. É uma boa oportunidade para desenvolver sua criatividade e sua imaginação.

4. Quais outros aspectos da sua vida você poderia simplificar? Identifique as partes da sua rotina nas quais você pode economizar tempo para tornar o seu dia mais produtivo. Por exemplo, ir para a cama um pouco mais cedo pode fazer a diferença para acordar mais energizado e tornar suas horas mais produtivas.

CAPÍTULO 2 | Simplifique

UM SEGREDO QUE TE IMPULSIONA

ACREDITAMOS QUE LIMPEZA NÃO TEM NADA A VER COM PRODUTIVIDADE, MAS VOU TE CONTAR UMA COISA: NADA PODERIA ESTAR MAIS LONGE DA VERDADE. A LIMPEZA NOS DÁ ORDEM EM CASA E NO LOCAL DE TRABALHO. PENSE EM QUANTO TEMPO VOCÊ PERDE QUANDO NÃO CONSEGUE ENCONTRAR SUAS CHAVES OU UM DOCUMENTO IMPORTANTE. SERIA MAIS FÁCIL SE SEMPRE ENCONTRÁSSEMOS OS OBJETOS NO MESMO LUGAR. ALÉM DISSO, ISSO NOS PERMITE ATRIBUIR UM LUGAR FIXO ÀS COISAS QUE USAMOS E REMOVER O QUE NÃO É MAIS ÚTIL. ENTENDEU? A ORGANIZAÇÃO NOS TORNA MAIS EFICAZES EM NOSSA VIDA DIÁRIA. TUDO CAMINHA DE MANEIRA MAIS SIMPLES E ÁGIL. FAÇA DA LIMPEZA UMA PRIORIDADE.

RESUMO MILIONÁRIO

"INECESSITA"
- Libertar-se de apegos.
- Libertar-se do que não tem utilidade.
- Desenvolver seu próprio roteiro (interesses pessoais).
- Gastar com sabedoria.
- Administrar o dinheiro para que trabalhe para nós.

SIMPLIFIQUE SEU ESTILO DE VIDA

"RESULTADO" → **APROVEITAR-SE DO PROCESSO DE CRIAÇÃO DE RIQUEZA**

"BENEFÍCIOS"

A. Livre-se do desnecessário.
B. Desperte sua criatividade.
C. Tenha liberdade.
D. Tenha organização.

IMPULSO MILIONÁRIO SUSTENTÁVEL

CAPÍTULO 3

DESENVOLVA UMA VISÃO DISRUPTIVA

UMA HISTÓRIA COM IMPULSO

Era uma noite chuvosa, e eu não conseguia dormir. Ideias, lembranças e sonhos febris habitavam a minha mente, e senti que minha cabeça estava a mil naquele momento. Eu sabia que não conseguiria adormecer, então decidi me levantar e preparar uma xícara de café. Fiquei pensando na fragilidade da vida e em como muitas vezes, nossos medos nos paralisam, fazendo-nos duvidar de nossas capacidades.

Enquanto pensava nisso, desfrutei do silêncio naquela noite com sabor de café e insônia. A ideia de como, em muitas ocasiões, vamos encontrar pessoas que vão duvidar de nós, também ressoou em mim. Mas, enquanto você acreditar em si mesmo, não haverá ninguém para impedi-lo. Este é o seu maior e melhor impulso milionário.

Naquele momento me veio à mente o nome de Ana Victoria García Álvarez, uma empresária originária da Cidade do México, de quem eu tinha lido e ouvido falar nos dias anteriores. Agora entendia o motivo da minha insônia.

Pela primeira vez me senti identificado com alguém que estava contribuindo com verdadeiro valor para o ecossistema de *startups*. ==E ela fazia isso por meio de programas abrangentes de formação com impacto positivo em projetos realizados por mulheres.== Foi assim que Ana Victoria encontrou um excelente nicho de mercado e criou, em 2012, a Victoria 147.

Trata-se de uma grande central de empreendedorismo voltada para mulheres, um setor ainda negligenciado naquela época e com muitas lacunas de oportunidades. As mulheres criavam projetos de alto valor no mercado de trabalho, e Ana Victoria queria estar ao lado delas. ==O mais interessante foi que ela entendeu que o sistema estava desperdiçando esse talento feminino, porque elas não eram aproveitadas e integradas no sistema capitalista vigente.== Acredito que ela teve a grande visão e a capacidade de gerar uma importante reunião de mulheres empreendedoras, que hoje é o que todo negócio deve construir em torno de si para ser lucrativo, dinâmico e capaz de sobreviver no longo prazo. Construir comunidades é extremamente importante nessa nova era.

Como profissional de *marketing*, ela tem conseguido fazer uso de seu conhecimento e canalizá-lo para potencializar o seu negócio, representando mulheres trabalhadoras e dando imenso apoio a cada uma de suas clientes. Me impressiona muito como, por exemplo, Ana Victoria as ajuda a validar as ideias de negócios para que não desperdicem energia e recursos caso o projeto não seja viável para o mercado. Da mesma forma, ela as ajuda a desenvolver e aprimorar seus modelos de negócio, fornecendo estrutura e profissionalização aos empreendimentos. E, quando já estão em estágios mais avançados, o crescimento é acelerado e levado para o próximo nível.

Muitas vezes somos domesticados pelo mesmo sistema e pelo ambiente em que atuamos, fazendo tudo da mesma forma que todo mundo faz, sem deixar espaço para novas ideias. É assim que ficamos estagnamos em nossos negócios. Ana Victoria conseguiu entender muito bem o sistema e gerar uma vantagem competitiva no ecossistema empreendedor por meio de metodologias diretas. Dessa forma, ela tem um grande diferencial em relação a outros projetos, com uma proposta humanitária e propositiva, promovendo maior inclusão econômica para as mulheres no México e na América Latina.

A determinação e a persistência são armas muito poderosas na nova economia, onde já existe de tudo. Ana Victoria sabe transmitir muito bem essas qualidades e incorporá-las ao seu ambiente. Porque na verdade vivemos uma espécie de moda empreendedora, mas ninguém nos diz que não será fácil, pois será preciso trabalhar muito, ficar acordado até tarde e lidar com certas situações que vão te deixar frustrado. Caro leitor, só existe uma maneira de construir impérios: trabalhando duro e sendo muito prático em todas as atividades que você realiza, para que possa progredir e fazer o seu negócio fluir mais rapidamente na nova economia. ==É fundamental optar por estruturas menos pesadas e dispendiosas para ser mais competitivo.== Os pequenos rivais não existem mais, isso eu garanto.

Nesta era, a velocidade desempenha um papel crucial, e você tem que surfar essa onda. Por isso, fica o aviso para que não se deixe abater e se mantenha em movimento. Nunca deixe que uma pergunta o paralise. Faça com que o comentário volte para o lugar de onde veio e tire o que há de bom nele, mas não leve para o lado pessoal. Procure aprender com os melhores, pois isso moldará o seu impulso milionário, e é para isso que estamos aqui. Ao longo de toda a minha jornada, eu aprendi que grande parte do sucesso ou do fracasso em nossa vida dependerá muito da imagem que temos de nós mesmos. Se você tiver uma imagem positiva de si mesmo, será muito mais fácil chegar aonde deseja. Ana Victoria conseguiu projetar uma nova imagem dentro desse ecossistema de empreendedorismo feminino, e isso a levou ao sucesso. Agora, encorajo você a se perguntar o seguinte: Como você se vê agora? Aonde você quer chegar?

> A DETERMINAÇÃO E A PERSISTÊNCIA SÃO FERRAMENTAS MUITO PODEROSAS NA NOVA ECONOMIA.

VÁ ALÉM

"Disruptivo" é um termo perturbador que se tornou comum na mídia. É utilizado na ciência e na tecnologia, nos negócios, nos esportes, na política e em muitas outras áreas. Mas como isso se relaciona com você? Em princípio, ser disruptivo é quebrar as regras para alcançar algo extraordinário. Você pode achar que não é criativo, inteligente ou que não assume riscos (ou qualquer que seja o rótulo que queira se dar) o suficiente para fazer algo radical. Mas deixe-me dizer uma coisa: a disrupção tem tanto a ver com nossa contribuição para o mundo como para com a nossa vida cotidiana. Ambos os aspectos tratam de encontrar novos caminhos de atuação e de pensamento.

==Uma das características da disrupção é que ela rompe com paradigmas, ou seja, com moldes tradicionais.== Um exemplo que me parece muito ilustrativo é a Blockbuster. A rede de locadoras acabou falindo por ser muito cara e pouco prática. A pessoa tinha de pagar uma assinatura, mais o aluguel de cada produto. Além disso, você tinha que ir até a loja e, se chovesse ou fosse tarde da noite, provavelmente perderia a oportunidade de assistir ao filme. E, claro, se você se esquecesse de devolver o produto, havia uma multa. A rede era líder mundial em locadoras de vídeo há vários anos, e seus gestores estavam muito confiantes em sua posição no mercado. Então a internet chegou e mudou tudo. A Netflix rompeu com o modelo das locadoras de vídeo e ofereceu aos consumidores seu extenso catálogo mediante o pagamento de uma mensalidade. Graças ao serviço de *streaming*, as pessoas agora podem assistir a seus filmes e séries favoritos pela internet, sem precisar sair de casa — e na hora que quiserem. A certa altura, a Blockbuster teve a oportunidade de comprar a Netflix, mas não via futuro naquele negócio. E, alguns anos depois, a rede de locadoras fechou. Você entende a importância de ver além? Algumas páginas atrás eu comentei com você que a base da abundância é facilitar a vida das pessoas. É resolver seus problemas. A mente disruptiva dá um passo além e encontra soluções criativas que poucos poderiam imaginar. Ela é atenta e sabe observar, por isso apresenta ideias pouco convencionais. Ela não está satisfeita com o que já sabe e faz. Outras vezes já pontuei a importância de sairmos da zona de conforto, e isso é fundamental para desenvolvermos a nossa capacidade disruptiva. Agir no piloto automático nos deixa apáticos, turva a visão e enfraquece o foco.

GRANDES LIÇÕES NASCEM DOS ERROS.

Qual é o antídoto? Permita-se ficar incomodado e corra riscos. Ser disruptivo é isso, estar aberto para encontrar novos caminhos e opções diferentes. Se você estiver aberto, também será flexível. Se um caminho não funcionar para você, tente outro. Para ir do ponto A ao B, existe mais de uma rota. ==Tudo começa quando você encara algo frustrante.== A situação apresenta uma oportunidade de pensar de forma diferente, nos faz perguntar "o que aconteceria se eu fizesse diferente?". Com esta simples mudança de visão, você desperta sua curiosidade e começa a idealizar novos cenários. E o que acontece se o que você propõe não funcionar? Vai se conformar? Claro que não. Você muda a rota a ser percorrida, detecta o que não deu certo e a corrige. Você acha que grandes empresas e inovações radicais surgiram na primeira tentativa? Garanto que não. Por trás delas existe uma história de paciência, disciplina e confiança naquilo que se deseja alcançar.

> A LIBERDADE FINANCEIRA NASCE NA SUA MENTE. SE ISSO NÃO SE ENCAIXAR EM SEUS PENSAMENTOS, NÃO ENTRARÁ EM SUA VIDA.

ETAPAS DISRUPTIVAS

Estou convencido de que uma das razões pelas quais você tem este livro em mãos é porque está em busca da sua liberdade financeira. Também posso garantir que desenvolver uma mentalidade disruptiva o ajudará a encontrá-la mais rapidamente. Abandonar o pensamento comum permitirá a geração de novas fontes de renda, encontrar estratégias de investimento ou criar seu próprio negócio com um modelo lucrativo. Emocionalmente isso lhe dará uma grande segurança, pois você ganhará o seu próprio dinheiro sem depender de outras pessoas. Quando você menos perceber, alcançará resultados que antes apenas sonhava. Você trocará as dúvidas pela frase "Eu sou capaz". Abra as portas do seu coração e da sua mente para aquela nova pessoa que pede para ser libertada: plena, mais feliz, que ama o que faz, que gosta de criar riqueza e sabe compartilhá-la. A seguir, apresento algumas características das pessoas disruptivas:

- questionam-se constantemente e não se contentam com o que está posto;

- pensam fora da caixa, ou seja, enxergam além das ideias preestabelecidas;

- analisam novas rotas de atuação;

- imprimem tendências, pois são inovadoras e propõem formas diferentes e poderosas de ação;

- são agentes de mudança em suas famílias, em suas organizações e na sociedade;

- investem na sua educação, e muitas são autodidatas.

SAIR DO PENSAMENTO COMUM PERMITIRÁ QUE VOCÊ GERE NOVAS FONTES DE RENDA.

Algo essencial para alcançar a liberdade que você procura é observar e modificar as suas ideias preconcebidas. Entre elas, aquelas que estão relacionadas ao dinheiro. No meu caso, percebi que tinha um vínculo conflituoso com ele. Eu havia herdado um padrão de pensamento que associava dinheiro a problemas. É por isso que, inconscientemente, quando ele chegou às minhas mãos, eu o desperdicei. Não pude ficar com ele porque me parecia um conflito. No capítulo anterior, falei sobre as programações mentais, e é exatamente a isso que me refiro. As pessoas mais próximas de você, como seus pais, avós e irmãos, influenciam muito a sua maneira de pensar e o seu comportamento.

Seu círculo primário o programa sem que você perceba. ==Cabe a você ser consciente e questionar o que você aprendeu em casa sobre o dinheiro.== A ruptura começa ao romper com essa visão herdada. Isso não significa que você deve brigar com a sua família ou deixar de ouvi-la, mas sim se perguntar até que ponto é verdade o que lhe disseram. Olhe ao redor, seja curioso e veja o que mais está no seu horizonte. Seu círculo mais próximo lhe transmitirá sua visão e sua experiência de vida, mas elas não são as únicas válidas. Construa as suas.

Quero que você faça a experiência de mudar a sua mentalidade para atrair riqueza e abundância. Você verá que o dinheiro pode trabalhar para você, e não o contrário. Agora compartilho cinco etapas principais para que você possa começar a trabalhar para ser disruptivo:

> TEM MUITA GENTE ESPERANDO POR IDEIAS DISRUPTIVAS PARA INVESTIR NELAS.

1. **Acredite em você mesmo.** É o primeiro passo. Confiar em seus sonhos e trabalhar neles lhe darão o impulso necessário para alcançá-los. Pense que ninguém disse a Steve Jobs que o projeto que ele iniciou em uma garagem se tornaria mais tarde o império Apple. Se ele tivesse dito a si mesmo "Não, não sou capaz. Tudo está contra mim",

você acha que ele teria desenvolvido todas as suas inovações e alcançado tanto sucesso? Garanto que, sem a mentalidade correta, ele não teria conseguido. No entanto, em sua mente, ele sentiu o que poderia alcançar. O que você está esperando?

2. **Alavanque-se.** O significado dessa expressão é muito simples, mas tem um grande poder. Significa aproveitar o talento de outras pessoas para atingir seu objetivo. ==Steve Jobs, por exemplo, aproveitou o talento do engenheiro Steve Wozniak para desenvolver computadores pessoais.== Um forneceu o talento técnico; o outro, a visão comercial. Sempre digo: "Quando a ideia e o talento se complementam, o dinheiro vem sozinho". Tem muita gente esperando por ideias disruptivas para investir nelas. Eles procuram o projeto certo para colocar dinheiro e recursos. Você conhece o ditado "Se quiser ir rápido, vá sozinho, mas, se quiser ir longe, trabalhe em equipe"? Esse é o caminho.

3. **Invista na sua educação.** Aprender por conta própria, pesquisar e ser autodidata abre

sua perspectiva. O conhecimento amplia a sua visão, permitindo explorar diferentes áreas, além de lhe dar novas ferramentas e perspectivas. Aprender é uma das vitaminas essenciais para a mente disruptiva, pois deixa você mais perto de encontrar novas ideias com maior rapidez. Leia, assista a vídeos, ouça *podcasts* ou pesquise os temas que chamam sua atenção em *sites* e aplicativos. (No capítulo 7, darei mais detalhes.)

4. **Seja curioso.** Deixe-se surpreender pelas coisas do dia a dia. Você ficará admirado ao perceber quantas coisas ignora. Por exemplo, você sabe como funciona o dinheiro? Como você explicaria isso a uma criança sem usar termos complicados? É um exercício dcsafiador. Reconhecer o que não sabemos nos leva a questionar as coisas o tempo todo e a investigar. No meu caso, eu me tornei consultor imobiliário me perguntando como poderia conseguir outra fonte de renda. Tirei dúvidas, pesquisei, li e assisti vídeos para saber como funcionava esse mercado. Foi assim que pensei em me aventurar para criar riqueza. Minha lógica era: "Estarei

onde uma quantidade significativa de dinheiro está concentrada". Quais tópicos e áreas despertam sua curiosidade?

5. **Seja criativo.** Não, não se trata de ser o grande inventor dessa era. Procure resolver uma necessidade com o que você tem à sua disposição, de forma inovadora. Claro, haverá quem encontre algo completamente novo, mas não se limite a essa ideia. A criatividade não está apenas relacionada com grandes descobertas, mas em encontrar maneiras diferentes de resolver problemas.

Quando você se abre para a mudança e se entrega a ela, curiosamente as pessoas querem colaborar com você. Elas começam a ver que você gera resultados e confiam em você. Tenha isso em mente, pois existe o desejo de se associar com pessoas eficazes. Isso lhe trará oportunidades que você nem esperava. Você pode até escolher quais pegar e quais descartar.

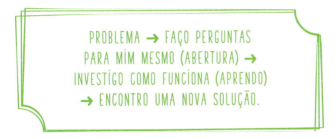

A UNIÃO FAZ A FORÇA

Poucas linhas atrás, eu falei sobre a importância da alavancagem para desenvolver uma mente disruptiva. Essa forma de encarar os problemas e agir dá maior potência à sua visão e às suas decisões. É um salto quântico que o aproximará mais rapidamente da abundância que deseja atrair para sua vida. Simplificando, trata-se de usar os talentos, o tempo e os recursos de outras pessoas em um ambiente onde todos saem ganhando. O objetivo é que todos os envolvidos alcancem suas metas. O que você levaria anos para conseguir sozinho pode ser alcançado na metade do tempo quando você se associa a outras pessoas que compartilham da sua visão. É uma catapulta produtiva. Mas atenção: não estamos falando de tirar vantagem dos outros, trata-se de aprender a reunir talentos. Lembre-se de que um dos

REQUISITOS DA ABUNDÂNCIA É QUE ELA TRAGA PAZ AO SEU CORAÇÃO. É O COMPLETO OPOSTO DE PROVOCAR DISPUTAS COM OS OUTROS, TIRAR VANTAGEM DELES OU ENGANÁ-LOS.

UM DOS REQUISITOS DA ABUNDÂNCIA É QUE ELA TRAGA PAZ AO SEU CORAÇÃO.

Num ambiente onde todos ganham, não é interessante que uma parte se beneficie às custas da outra. Para que as relações pessoais e comerciais prosperem, as partes envolvidas devem sempre se beneficiar. É uma questão básica de confiança. Sem ela, não há negócio que possa ter continuidade e dar frutos. Um dos grandes problemas é que costumamos fazer o processo ao contrário: queremos ganhar, fazendo o outro perder. No México, temos um ditado popular que resume essa visão da pobreza moral: "Quem não negocia não avança". Muitos veem isso como uma vantagem, mas na realidade é o contrário. Podemos quebrar a confiança um do outro uma vez, mas não duas ou três. Ao fazer isso, na verdade você está se sabotando. Ficou claro quanto esse pensamento é limitado e prejudicial? O oposto dessa tendência prejudicial exige chegar a acordos, ceder à tentação de tirar vantagem dos outros e ser transparente. Encorajo você a construir um ecossistema baseado no talento e nas qualidades das pessoas com quem você trabalha. O objetivo é poder repetir o processo de distribuição de lucros de maneira ilimitada. Trata-se de trazer pessoas para perto, não de aliená-las. Na minha vida particular e como consultor de negócios, aprendi que é preciso fazer com que as pessoas que colaboram com você também ganhem. Perceba que não são mais apenas os seus próprios recursos que entram em jogo, mas também os daqueles que compartilham do seu entusiasmo. Pense que eles também querem crescer e que, como você, procuram explorar a criatividade para gerar riqueza juntos e alcançar um bem comum.

Considere três pilares de alavancagem que descrevo a seguir, que também são alicerces essenciais de fortalecimento à abundância:

- **Talento:** é a habilidade natural das pessoas. Procure aproveitar as capacidades inatas que você reconhece naqueles que compartilham de sua visão. Isso, por sua vez, dará um grande impulso aos seus próprios pontos fortes. Costumo dizer que ninguém vem a este mundo desprotegido. Todos nós temos uma aptidão única, algo no que somos bons. Há quem se destaque nos esportes; outros em matemática, música ou tecnologia. O segredo é que talvez você não tenha um determinado talento, mas outra pessoa tem, então vocês podem agregar suas habilidades para alavancar um ao outro.

- **Tempo:** não inclui apenas as horas e os dias dedicados a um projeto em comum, mas também a energia investida e os sonhos dos envolvidos. Numa visão tradicional de fazer negócios, quem tem os recursos procura controlar todas as partes do projeto, mesmo que não seja um especialista ou não tenha as capacidades de outra pessoa. Na mentalidade disruptiva, a palavra-chave é **colaboração**. Isso implica confiar no outro para delegar responsabilidades. Lembre-se de que se trata de uma soma de esforços e talentos para multiplicar os resultados. Você divide o trabalho para facilitar as tarefas.

- **Recursos:** são os meios com que os colaboradores contribuem para a realização de um projeto. Alguns investem o dinheiro necessário para concretizar uma grande ideia. Outros fornecem recursos materiais, como instalações, ferramentas ou máquinas. Se o talento é o motor, os recursos são o combustível que mantém você funcionando e produzindo.

AÇÃO É A CHAVE

Na disrupção é essencial confiar na visão que se tem do seu futuro. Acreditar em si mesmo e na sua visão é a chave mais importante que abrirá as portas para o sucesso. Mas o que acontece se você simplesmente segurar a chave na mão e não a colocar na fechadura? Não haverá progresso. Agora, digamos que você dê o passo seguinte e comece a se questionar sobre o problema mais importante para você — e a investigá-lo. E não é só isso, você também encontrará uma nova — e muito promissora — solução. Muito bem, agora você abriu a porta. E por trás dela existem inúmeras oportunidades. Mas e se você não passar por ela? Se você não der o próximo passo e permanecer no "eu gostaria", como muitas pessoas fazem, nada mudará. O pensamento sem a ação continua sendo um sonho. O que você pode fazer para transformar o desejo em realidade?

Em princípio, seu propósito deve ter força suficiente para movê-lo e fazer com que você passe do pensamento à ação. Por que o seu propósito é tão importante? Por um lado, porque é uma bússola que orienta suas decisões. ==Isso o alertará quando você for tentado a seguir o fluxo e o levará de volta==

==ao caminho que você traçou para a sua vida.== Em segundo lugar, é energia. É o combustível que nos impulsiona a buscar as condições que nos levarão a atingir nossos objetivos.

Minha intenção ao compartilhar esta informação com você é ajudá-lo a assumir o controle do seu destino. Desejo que você receba sua medalha na corrida da vida. Quero que você ame o que faz e esteja no pódio dos vencedores. Para conseguir isso, é fundamental que você se prepare para criar as suas próprias oportunidades. ==Pare de esperar que as condições sejam favoráveis e que a sorte sorria para você.== Em vez disso, volte seu olhar para você e faça com que ela mesma o procure. Não espere que as situações se alinhem a seu favor para alcançar seus objetivos, provoque-as e vá atrás delas. O segredo é focar a mente para encontrar soluções. Essa é a chave para a disrupção. Lembre-se de que todos os dias as pessoas enfrentam seus problemas. Quando encontram alguém que os resolve, estão dispostas a pagar por isso. Você percebe as oportunidades que estão à sua frente? No meu caso, por exemplo, minha missão como consultor imobiliário consiste em ajudar o dinheiro das pessoas a crescer e não estagnar. Eu as oriento a obter retornos melhores que os do banco ou de outras instituições financeiras. O que faço é lhes mostrar que

> SEU PROPÓSITO DEVE SER FORTE O SUFICIENTE PARA IMPULSIONÁ-LO E FAZER COM QUE VOCÊ PASSE DA IDEIA À AÇÃO.

seus recursos podem fazer mais dinheiro, e então apresento um caminho para resolver suas necessidades. Um ponto importante nisso é a clareza de saber a quem estamos nos dirigindo. Tenha em mente que nem todos acharão seus talentos úteis. Dedique-se às pessoas que fazem parte do seu nicho. Seja seletivo. Quem é disruptivo sabe observar para detectar a necessidade de um determinado grupo e, assim, criar uma oportunidade de negócio. Dessa forma, você saberá perfeitamente o que oferecer a ele.

A seguir, compartilho um pequeno guia para criar oportunidades com impulso milionário:

Rota 1 ▸ Concentre-se em explorar as coisas que você já faz bem, seja porque tem um talento natural ou porque o desenvolveu ao longo de sua experiência.

Rota 2 ▸ Explore seus dons, talentos, missão e propósito. Neles você encontrará fontes de inspiração para vislumbrar um mar de oportunidades.

Rota 3 ▸ Encontre um mentor que esteja relacionado ao que você faz bem ou ama. Deixe-se

guiar. Sempre ajuda ter alguém que já conhece o caminho.

Rota 4 ▸ Mantenha o ego sob controle enquanto aprende. Soberba, burrice e reprovação de ideias podem levar você a regredir no que já avançou.

Rota 5 ▸ Aprenda sozinho tudo o que lhe interessa. Não construa muros ou fronteiras em sua mente, pelo contrário, deixe que o aprendizado o liberte e gere novas ideias.

Rota 6 ▸ Participe de conferências, eventos e feiras relacionados aos seus gostos e interesses, ou filie-se a um clube ou uma associação para ampliar sua visão e fazer novos contatos.

Rota 7 ▸ Inscreva-se em um *workshop* de inteligência emocional ou espiritualidade. Você precisa do bom gerenciamento das suas emoções e de nutrição para sua alma para poder ver novas oportunidades.

Rota 8 ▸ Tenha muita iniciativa e mantenha-se irrequieto. É fundamental que você coloque suas ideias em prática. O espectador vê a vida passar; o protagonista arrisca e age, porque só assim poderá vencer.

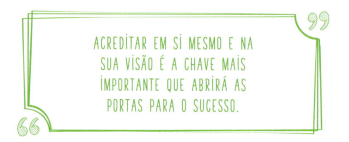

ACREDITAR EM SI MESMO E NA SUA VISÃO É A CHAVE MAIS IMPORTANTE QUE ABRIRÁ AS PORTAS PARA O SUCESSO.

VENDA EXPERIÊNCIAS

Certamente você já ouviu ou leu em algum lugar que todos nós somos vendedores. E você deve estar se perguntando o que vendas têm a ver com disrupção. Para começar, há um ponto importante em comum, que é ajudar os outros a resolver seus problemas. O bom vendedor observa e escuta para que a outra pessoa consiga o que procura. As pessoas querem soluções. E foi sobre isso que comentei com você ao longo do capítulo. É por isso que peço que você se junte a mim para dar o próximo passo em sua busca pela abundância. Peço a você que entenda

QUE O QUE ESTAMOS FAZENDO O TEMPO TODO É VENDER. NÃO FALO APENAS DE PRODUTOS, MAS SEMPRE ESTAMOS OFERECENDO ALGO ÀS PESSOAS: NOSSA IMAGEM, NOSSO TALENTO, NOSSAS IDEIAS. VOCÊ PERCEBE A IMPORTÂNCIA DE SABER SE PROJETAR PARA RENTABILIZAR SEUS DONS E TALENTOS NATURAIS?

==Vender organicamente: ajuda + resolução = experiência de compra inesquecível.==

Um elemento para que sua proposta tenha impacto é criar uma experiência de compra. O que quero dizer com isso? Apele para as emoções das pessoas. A realidade é que os dados ajudam, a informação é um bom guia, mas as pessoas decidem com base no que sentem. Se estiver entusiasmado com o que oferece, você transmitirá esse sentimento. O entusiasmo é contagiante e tornará mais fácil para as pessoas decidir a seu favor ou comprar o que você oferece. Seja apaixonado pela sua proposta, demonstre convicção pelo que faz. E, se você se preparar para se comunicar de forma eficaz, garanto que o sucesso já está esperando por você. Aprenda a falar com clareza, a organizar suas ideias, mas, sobretudo, a dizê-las com o coração. Acredite em mim quando digo que essa é uma forma inestimável de ganhar a confiança dos

O BOM VENDEDOR OBSERVA E ESCUTA PARA QUE A OUTRA PESSOA CONSIGA O QUE PROCURA.

outros. Se você domina o assunto e é mestre no que faz, agora compartilhe-o com o mundo.

Um segundo aspecto da monetização dos seus talentos é encontrar o público certo. Pouco antes falei sobre criar um nicho para o que você faz. Por que isso é importante? Vou dar um exemplo. Se você pratica esportes com regularidade, provavelmente conhece os interesses desse ambiente. Você conhecerá suas necessidades de nutrição, equipamentos e instalações. Saberá os eventos onde as pessoas se reúnem e poderá interagir com diferentes círculos de pessoas que fazem parte dessa comunidade. Os seres humanos se movem em grupos e procuram pertencimento. Compartilhamos códigos, expressões e regras não escritas que só quem está dentro desse círculo entende. Assim, se você pertence a um grupo ou uma associação, tem uma grande vantagem na descoberta de oportunidades de negócio. Você saberá em primeira mão sobre seus problemas, o que eles necessitam e criará contatos valiosos. Informação de qualidade está à sua espera. Foi isso que Ana Victoria fez. Ela criou um grupo de mulheres empreendedoras com seu projeto Victoria 147. Agora compartilho com você alguns segredos para que possa se tornar o vendedor que esta nova era exige.

Vendedor da velha escola	Vendedor 2.0
• Explora possibilidades, procura clientes e oportunidades apenas quando está sob pressão ou precisa de dinheiro no bolso. • Trabalha em vendas porque "não há outra opção" ou "enquanto não surge algo melhor". • Assedia e é agressivo em seu discurso de vendas. • Não lê, não se prepara nem faz cursos. • Sua mentalidade é passiva, e ele se sente frustrado. • Não gera conteúdo para apoiar a venda, nem oferece valor. • É distante ou circunstancial após a venda. • Tem resistência à mudança. **Vive em sua zona de conforto.**	• Explora possibilidades como estilo de vida e adora seu trabalho. • É apaixonado por vender. Ama o processo. • Deixa o cliente tomar a decisão. Resolve, ajuda, cede na negociação e compartilha o controle. • É autodidata e está constantemente atualizado com cursos e conferências. Ler faz parte de sua vida. • Tem uma mentalidade de "merecimento" da abundância e faz afirmações positivas. • Gera conteúdo valioso (físico, digital, vídeos). • Dá acompanhamento ao cliente. • Quebra padrões e ideias preconcebidas, adapta-se e foca no valor e na eficiência. **Procura se sentir desconfortável para crescer.**

> SE ESTIVER ENTUSIASMADO COM O QUE OFERECE, VOCÊ TRANSMITIRÁ ISSO.

GERANDO UM NOVO IMPULSO

Vá buscar seu caderno e responda às seguintes perguntas para começar a se exercitar na busca por oportunidades:

1. Faça uma lista de temas que lhe interessam ou sobre os quais gostaria de aprender mais e organize-os por prioridade. Procure livros, sites e cursos presenciais ou *on-line*. Organize sua agenda ou estabeleça horários para se dedicar ao seu aprendizado.

2. Identifique um problema recorrente que você observou em um grupo ao qual pertence. Tente explicar as causas, quando ocorre, quem intervém e anote quais soluções você daria.

3. Como você mudaria um aspecto da sua rotina? Identifique uma atividade ou um hábito diário que você tem e pense em como você mudaria isso. Agora, experimente colocar essas melhorias em prática. Anote as mudanças que você percebe e descreva o que aprendeu no processo.

UM SEGREDO QUE TE IMPULSIONA

A CRIATIVIDADE É MAIS BEM TRABALHADA EM GRUPOS. REÚNA COLEGAS DE TRABALHO, FAMILIARES OU AMIGOS E COLOQUE NA MESA UM PROBLEMA QUE TENHA DIFERENTES SOLUÇÕES. DIGA A ELES QUE NÃO EXISTEM RESPOSTAS BOAS OU RUINS, TODAS SÃO BEM-VINDAS. VOCÊS PODEM FAZER UM *BRAINSTORM* OU ESCREVER AS PROPOSTAS EM PEDAÇOS DE PAPEL — QUE SERÃO DEPOSITADOS EM UM RECIPIENTE. AO FINAL, LEIA AS SUGESTÕES EM VOZ ALTA E COMENTE AS MELHORES. VOCÊ PODE ATÉ COMBINÁ-LAS PARA CRIAR SOLUÇÕES AINDA MAIS PODEROSAS. CHAMO A ISSO DE "O GÊNIO DO IMPULSO CRIATIVO".

RESUMO MILIONÁRIO

PENSAMENTO DISRUPTIVO

PENSAMENTO TRADICIONAL
- Contenta-se com o que já sabe e faz.
- Pensa e age segundo os moldes tradicionais.
- Procura controlar todos os processos.
- É um espectador passivo.

PROTAGONISTA
- Quebra paradigmas.
- Encontra novas maneiras de pensar e agir.
- Resolve problemas de maneira criativa.
- Apresenta ideias não convencionais.
- Assume riscos.
- Pergunta-se "o que aconteceria se...?".
- Rompe com a visão herdada.

CARACTERÍSTICAS DE PESSOAS DISRUPTIVAS
- Questionam-se constantemente.
- Pensam fora da caixa.
- Analisam novas rotas de atuação.
- São autodidatas.
- Unem forças com outros para melhorar os resultados (talento, tempo, recursos).

AGEM

CAPÍTULO 4

TENHA UM FUNDO DE RESERVA

UMA HISTÓRIA COM IMPULSO

Eu me recordo bem de um período importante na minha vida financeira e pessoal. Depois de economizar um pouco, iniciei meu projeto de consultoria e, ao mesmo tempo, tentava aplicar parte do dinheiro que havia economizado. Um dia, ao postar conteúdo nas redes sociais, me deparei com a imagem de um recipiente com água alcalina *premium*. O *design* do produto era minimalista e tinha uma *excelente* proposta de *marketing*. Aquilo me chamou tanto a atenção que a água Zoé, alcalina, com pH 8,5, acabou sendo um episódio importante em minha história.

Como muitos exemplos de sucesso, o da Zoé teve uma origem simples, mas com um grande sonho por trás. Nesse caso, ela nasceu na garagem da família de Héctor Cruzado, cofundador da empresa. O nome da marca vem do grego e significa "cheio de vida". Um nome muito apropriado, em muitos aspectos. O desejo de crescer e inovar transmite vitalidade. Por ser uma empresa jovem e com grande impulso, está comprometida em fazer diferente e ter o produto perfeito para crescer no mercado. Para começar, essa água alcalina era algo que não existia no mercado nacional. Quando a descobri, a empresa procurava distribuidores exclusivos no México e oferecia porcentagens atraentes de lucro. Para mim, foi uma excelente oportunidade de investir o meu dinheiro e gerar rendimentos adicionais que me permitiriam constituir um fundo financeiro de emergência. Eu estava iniciando uma nova etapa na minha vida e queria me proteger de imprevistos que pudessem surgir ao longo do caminho. Antes de tomar uma decisão, resolvi pesquisar o produto. Comprei uma garrafa daquela água e gostei muito do conteúdo. Além disso, a embalagem chamava a atenção, e o fato de a marca não ter concorrência a tornava uma opção muito viável. Outro aspecto que me atraiu foram os produtos especiais, voltados para crianças e atletas. Ao focar em nichos de mercado específicos, a possibilidade de alcançar mais pessoas é maior e, consequentemente, aumentam as chances de melhorar minhas receitas. E, além de tudo isso, havia sua estratégia para se fazer conhecer pelo grande público. ==Eles formaram uma sólida rede de embaixadores da marca, composta por personalidades das redes sociais, artistas e pessoas do mundo *fitness*.== Isso ajudou a colocar o produto mais facilmente em lojas de artigos orgânicos, academias, cafés e restaurantes. A mesa estava posta para que eu me tornasse um distribuidor. E com essa experiência veio uma série de desafios e aprendizados valiosos relacionados às vendas.

Embora o dinheiro tenha sido o motivo inicial para me envolver nesse projeto, lidar com clientes me trouxe outros benefícios. Levar as caixas de água para a casa deles me permitiu criar uma base de confiança com eles. As pessoas ficaram satisfeitas com o atendimento e com o produto, e eu também, porque o telefone não parava de tocar. Esse aprendizado foi inestimável e continua rendendo frutos em minha vida profissional. Aproveitei também as minhas redes sociais para chegar a muitos outros interessados, o que continua a me abrir portas até hoje.

Atualmente, a Zoé Water vende centenas de milhares de garrafas por mês, está presente nas mais importantes lojas de autoatendimento do México, é uma marca líder no setor de *fitness* e chega a diversos países da América Latina. ==Além do seu crescimento comercial, a empresa está comprometida com responsabilidade social e cuidados com o meio ambiente.== Como se não bastasse, recebeu recentemente a distinção Great Place to Work, um reconhecimento atribuído a empresas que são excelentes locais para trabalhar.

Por que estou contando essa história para você? Em primeiro lugar, porque me aproximar dessa empresa me ajudou a gerar uma fonte de renda extra em um momento em que eu tinha dois objetivos definidos: investir o meu dinheiro e criar um fundo de emergência. É claro que primeiro eu tive de fortalecer meus músculos de economia e me dar o tempo necessário para arrecadar a quantia que me permitiria ter mais opções. Evite pensar que poupar não é para você. Não quero que você dê desculpas como "meu país está em crise", "é muito difícil para mim" ou "tenho muitas despesas". Claro que é possível. Se você for perseverante, mais cedo ou mais tarde vai arrecadar uma quantia considerável que o catapultará na direção dos seus objetivos. Por outro lado, ter dinheiro para imprevistos é sempre necessário. Não podemos passar a vida pensando que nada vai acontecer conosco. É por isso que decidi criar um fundo.

Por fim, quero compartilhar com você que essa experiência me permitiu ter aprendizados importantes sobre relacionamento com clientes e redes sociais. Essas experiências ajudaram a fortalecer a minha confiança e se somaram ao que eu chamo de **meu fundo emocional**. Mas não vou me adiantar. Vou falar sobre esse e outros conceitos ao longo do capítulo.

> A RIQUEZA COMEÇA EM SEUS PENSAMENTOS. UMA MENTE NEGATIVA DESTRÓI SEUS PRÓPRIOS SONHOS.

PREVINA PARA NÃO SE ARREPENDER

Quero falar com você sobre uma realidade um tanto incômoda, mas necessária. Imagine que em algum momento você perca tudo o que construiu. A causa pode ser um incêndio, um assalto ou um terremoto. Não estou dizendo isso para soar alarmista. Saiba que a minha intenção sempre será incentivar o seu ímpeto para a prosperidade. No entanto, esta é uma realidade. Acidentes não podem ser previstos, e nem sabemos com certeza quando ocorrerá um desastre. Também é verdade que a grande maioria das pessoas não pensa em se precaver. Elas geralmente apenas reagem quando acontece, quando o problema já está presente. Esse tipo de atitude é dominado pelo descuido e pela indiferença. Em vez disso, para dar bases sólidas ao impulso milionário que estamos construindo, é preciso fazer o que poucos fazem: pensar na prevenção.

> Somente quando aceitamos as coisas como elas são é que podemos responder de maneira eficaz às situações que se apresentam. E é fato que muitas situações não estão em nossas mãos. É por isso

que necessitamos de um fundo de reserva para enfrentar fatalidades.

A verdadeira prosperidade consiste em saber gerar, aumentar e compartilhar a riqueza. Mas também consiste em protegê-la. Quais são as consequências de não fazer isso? Em primeiro lugar, você vai gastar um dinheiro que não pretendia e, possivelmente, acabará se endividando mais do que imagina. Em casos graves, essas dívidas podem fazê-lo perder seus bens ou se afastar de amigos e familiares. Para poder desfrutar do processo de criação de riqueza, é muito importante que você se precaveja contra essas perdas inesperadas. Isso fará com que se proteja contra imprevistos.

UMA PESSOA COM INTELIGÊNCIA FINANCEIRA EVITA SE ENDIVIDAR OU SE EXPOR AO RISCO DE FALÊNCIA POR NÃO TER PREVENIDO DETERMINADAS CIRCUNSTÂNCIAS.

O fundo de que estou falando é como um cofre. Você usará esse cofre exclusivamente para economias contra imprevistos. Para que o seu impulso milionário não tenha as asas cortadas em pleno voo, você precisa estar preparado. Essa poupança servirá como um apoio financeiro, por exemplo, no caso de alguém da família ou mesmo você ficar doente. Parece óbvio, mas é uma verdade irrefutável: sem saúde ficamos indefesos. Portanto, essa deve ser uma de nossas prioridades. Pense também no que aconteceria se você de repente perdesse o emprego. Se tiver um fundo de reserva, terá como cobrir as despesas enquanto procura por outro emprego. Além disso, o fundo fará com que você tome decisões melhores, pois sua busca será baseada na oportunidade de prosperar, e não no desespero.

Você também deve incluir uma quantia para proteger o seu patrimônio. Imagine que seu negócio está prosperando ou que sua empresa está começando a crescer e, de repente, um acidente coloca seus esforços em risco. Uma pessoa com inteligência financeira evita se endividar ou se expor à falência por não ter prevenido determinadas circunstâncias. O que fazer? Contrate um seguro, que é o ideal para proteger seus bens materiais contra desastres e outros percalços. Isso inclui sua casa e os carros. Prever e ter apoio financeiro são hábitos que fortalecerão a criação de abundância.

Hoje em dia, é um grave erro econômico não ter um apoio para lidar com emergências. Eventos repentinos e despesas inesperadas fazem parte da vida. O que acontece quando não temos essa proteção? O resultado mais imediato são as dívidas. Mas as consequências podem ser ainda mais profundas. Não ter dinheiro para resolver uma emergência causa muita tensão. E, se o estresse se acumular, você estará machucando o seu próprio corpo, e isso, a longo prazo, pode deixá-lo doente. É como uma bola de neve que acumula dificuldades e cria ainda outras situações de risco. Além disso, você estará propenso a tomar decisões erradas porque não pensará com clareza. Se os efeitos atingirem duramente a sua economia e a sua casa, acabarão por afetar o seu plano de vida. Não é isso que eu quero para você, e por isso o convido a rever comigo as bases para a construção desse fundo de emergência.

> AS PESSOAS GERALMENTE REAGEM NO MOMENTO EM QUE O PROBLEMA JÁ ACONTECEU. ESTA É UMA MENTALIDADE DOMINADA PELO DESCUIDO E PELA INDIFERENÇA.

BLINDE-SE

Vamos começar com o básico. Um fundo de emergência é um dinheiro que você economiza e tem disponível para resolver algum imprevisto. Você o guarda e tenta protegê-lo para evitar que seus recursos se evaporem em caso de alguma fatalidade. Além disso, trata-se de um exercício que você nunca deve deixar de lado enquanto fortalece sua musculatura financeira, pois reforça sua disciplina e refina o seu propósito. Abaixo, compartilho os elementos essenciais para que você crie seu fundo emergência.

- **Imediatismo.** Seu fundo deve estar disponível quando você precisar dele. ==Em caso de emergência, você precisará agir rapidamente.== Seria um erro, por exemplo, ter o seu dinheiro em uma conta na qual só se pode fazer saques um dia por mês.

- **Quantia.** Costumo recomendar às pessoas que me consultam que as suas poupanças cubram seis meses do seu estilo de vida. Isso lhe dará uma base financeira para cuidar da emergência e começar a colocar sua vida de volta nos trilhos, caso seja necessário.

- **Percentual.** Aloque entre 5% e 10% da sua renda mensal para alimentar sua reserva. O mais importante é que você seja consistente.

- **Um extra.** Dedique uma parte da renda adicional que você recebe ao seu fundo. Isso o ajudará a atingir sua meta de poupança mais cedo ou a levantar uma quantia ainda maior.

- **Prioridades.** Primeiro vem a sua renda, depois o fundo. Essa poupança é um colchão que vai absorver o impacto, caso você sofra uma queda. É um *backup*. Portanto, não perca as suas despesas diárias de vista.

SUAS ECONOMIAS DEVEM COBRIR SEIS MESES DE SEU ESTILO DE VIDA.

A regra principal ao construir seu fundo emergencial é respeitar o objetivo pelo qual você o criou desde o início, ou seja, enfrentar contingências. Portanto, não use esse dinheiro em hipótese alguma. Evite desculpas e justificativas, como "Vou pegar e devolver depois", pois é muito provável que você não o devolva. Esta não é uma reserva para empréstimos ou caprichos ou para quando você quer tirar férias, mas não economizou o suficiente para dá-las a si mesmo. Lembre-se de que essa economia será o escudo que o protegerá financeiramente contra gastos inesperados com medicamentos e hospitais, ou em caso de acidentes, roubos ou falta de trabalho. A intenção de se proteger é ajudá-lo a manter o equilíbrio emocional, apesar das circunstâncias. Essa tranquilidade lhe permitirá enfrentar os acontecimentos com a cabeça mais fresca.

Se você acha que o que ganha atualmente não é suficiente, fica aqui o meu convite para que volte ao segundo capítulo. ==Experimente viver com 60% da sua renda.== Esse exercício fortalecerá sua musculatura financeira de mais maneiras do que você imagina. Por exemplo, isso ajudará você a depurar suas despesas e a organizar suas finanças. Parte do que você cortar deve ir para o seu fundo emergencial. A tabela a seguir vai ajudá-lo a ter uma ideia mais clara de como distribuir o seu dinheiro. Lembre-se de que você pode ajustar os percentuais de acordo com o seu progresso e as suas necessidades.

Sem inteligência financeira	*Versus*	Com inteligência financeira
55%	Necessidades	60%
45%	Mimos	5%
0%	Economias	10%
0%	Educação e fundo de emergência	10%
0%	Investimentos	15%
100%	Total	100%

Se precisar de um empurrão extra para começar a construir seu fundo de emergência, ==considere vender coisas que não usa mais, como eletrônicos ou roupas em bom estado==. Dessa forma, você obterá duplo benefício: vai se livrar do que é desnecessário e ter uma renda extra para as suas economias. Além do seu salário, existem outras fontes que você pode explorar para gerar uma renda complementar:

- Dê cursos sobre o que você sabe fazer bem, presenciais ou *on-line* (a internet funciona para você 24 horas por dia, 365 dias por ano). Você também tem a opção de dar conselhos ou de ser um tutor remoto.

- Utilize plataformas profissionais independentes, como Workana ou Freelancer. Esses sites conectam quem trabalha por conta própria com indivíduos ou empresas que buscam pessoas para desenvolver seus projetos. Existem ofertas para diferentes tipos de perfil. Essa é uma ótima chance de começar a monetizar seus dons e suas habilidades.

- Vendas no Instagram podem se tornar uma boa forma de ganhar dinheiro extra ao colaborar e mencionar produtos em seus *stories*. Canais do YouTube e *blogs* também ajudam a fortalecer sua receita quando você sabe como capitalizá-los. Essas opções exigem que você construa uma marca pessoal, sobre a qual falarei no próximo capítulo.

No seu caminho para o crescimento é importante que, assim como você busca ganhar mais e gastar melhor, também haja uma disposição para proteger o que já foi construído. Mas essa proteção não está relacionada apenas com o fundo emergencial ou com a aquisição de certas ferramentas financeiras. Pela minha experiência como consultor posso afirmar que, muitas vezes, os problemas financeiros surgem quando temos uma má gestão de nossas emoções. Lembre-se de que a abundância começa com a sua maneira de pensar e sentir. Por isso, é importante ter clareza e tranquilidade, pois elas lhe alcançar tudo o que quiser.

A MENTE PRECISA DE PAZ, E O BOLSO PRECISA DE DINHEIRO.

GERENCIE SUAS EMOÇÕES

SE VOCÊ OLHAR PARA O DINHEIRO COM FRIEZA, PERCEBERÁ QUE ELE NÃO PASSA DE UMA FERRAMENTA. NADA MAIS É DO QUE PAPEL E TINTA. MAS OS PENSAMENTOS E AS EMOÇÕES QUE O ACOMPANHAM SÃO O QUE, REPETIDAMENTE, MUITAS VEZES COLOCAM AS PESSOAS EM DIFICULDADES FINANCEIRAS. A TOMADA DE DECISÕES ERRADAS É MAIS PROVÁVEL QUANDO NÃO SABEMOS COMO GERIR A ENERGIA E AS IDEIAS QUE O ACOMPANHAM. PORTANTO, PARA QUE O SEU IMPULSO MILIONÁRIO O CONDUZA POR CAMINHOS DE CRESCIMENTO, É ESSENCIAL QUE VOCÊ APRENDA A ADMINISTRAR ADEQUADAMENTE SUAS EMOÇÕES. ISSO EVITARÁ QUE VOCÊ CAIA EM ARMADILHAS OU QUE O DINHEIRO QUEIME EM SUAS MÃOS ASSIM QUE O RECEBER. VAMOS JUNTOS LANÇAR AS BASES PARA UMA ABUNDÂNCIA QUE SE SUSTENTE AO LONGO DO TEMPO, PARA QUE SUAS RESPOSTAS SEJAM EFICAZES NOS DIFERENTES CENÁRIOS QUE SURGIREM. DESSA FORMA, VOCÊ TERÁ UMA VANTAGEM COMPETITIVA NA HORA DE RECEBER, POUPAR, INVESTIR E GASTAR O SEU DINHEIRO.

==Pessoas com impulso milionário não apenas administram seu patrimônio financeiro, mas também possuem um fundo emocional que lhes permite administrar suas reações e seus sentimentos.== O que quero dizer com isso? O contexto emocional inclui todos os comportamentos que reforçam o nosso sistema imunológico interno. Porque, quando temos força e inteligência emocional, lutamos contra os inimigos da prosperidade, como o ressentimento, a raiva, os apegos ruins ou a preguiça, e evitamos nos cercar de pessoas tóxicas ou nos deixar levar por um ego equivocado.

==Convido você a reservar alguns minutos para refletir sobre os seguintes obstáculos emocionais que muitas vezes impedem as pessoas de alcançar seus objetivos de crescimento.== Primeiro, veja se você tende a culpar os outros pela sua situação atual. Ou seja, se você enxerga a vida a partir do papel de vítima e acredita que não é responsável pelo que acontece com você. Agora, tente identificar se você se sente frequentemente desmotivado ou frustrado ao achar que seus sonhos estão muito distantes. Este último pedido é bastante importante, pois muitas vezes nos causa raiva, gera brigas e cria dificuldades em nossas relações sociais. Vamos dar um passo adiante. Examine as suas tomadas de decisão e analise se você busca constantemente atender às expectativas dos outros, mas no fundo não sabe o que realmente quer e quais são as suas aspirações. E então? Você reconhece um ou mais desses comportamentos? Se

CAPÍTULO 4 | Tenha um fundo de reserva

sim, seu *background* emocional está no vermelho, e precisamos fortalecê-lo. Mas não se preocupe, estou aqui para te acompanhar. Se você não se identifica com nenhum desses comportamentos, parabéns! Você está no caminho certo. De qualquer forma, você pode adicionar algumas ferramentas ao seu fundo emocional para fortalecer o seu impulso milionário.

ANALISE SE VOCÊ BUSCA CONSTANTEMENTE ATENDER ÀS EXPECTATIVAS DOS OUTROS.

Quais são os benefícios de ter um fundo emocional? Um dos maiores é a melhora de nossas relações interpessoais. Pense bem: uma pessoa que tem pleno controle de sua vida interior gastará mais tempo buscando soluções, e não procurando culpados. Uma pessoa assim não se concentra na dificuldade dos problemas, mas em como resolvê-los. Isso permite que você construa vínculos saudáveis baseados na confiança e no respeito. Outra consequência benéfica é que essa atitude positiva evita que você reprima suas emoções. Por outro lado, se você as conhecer e as aceitar, poderá lidar melhor com elas. É como organizar o interior de nossa própria casa. Ao mesmo tempo, você perceberá como sua saúde melhora e se fortalece. Não é mágica, mas apenas o aprendizado de administrar sua energia com maior sabedoria. E sabe o que mais? Sem perceber, isso acabará melhorando a sua relação com o dinheiro. Suas deficiências não ditarão suas decisões, e você será guiado por um desejo legítimo de prosperar e de ajudar os outros a fazer o mesmo.

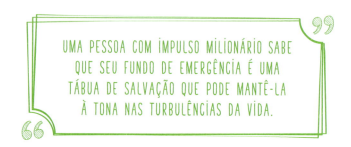

> UMA PESSOA COM IMPULSO MILIONÁRIO SABE QUE SEU FUNDO DE EMERGÊNCIA É UMA TÁBUA DE SALVAÇÃO QUE PODE MANTÊ-LA À TONA NAS TURBULÊNCIAS DA VIDA.

CRIE UM FUNDO EMOCIONAL

UMA MENTE COM IMPULSO MILIONÁRIO FOCA EM BUSCAR O SEU BEM-ESTAR E ENCONTRAR SOLUÇÕES. É UM PRINCÍPIO QUE VOCÊ DEVE SEMPRE LEVAR NO CORAÇÃO. SABEMOS QUE É IMPOSSÍVEL CONTROLAR TODAS AS SITUAÇÕES QUE OCORREM AO NOSSO REDOR. MAS O QUE TEMOS EM NOSSAS MÃOS É O MODO COMO REAGIMOS A ESSAS DIFICULDADES. ACEITAR QUE MAIS CEDO OU MAIS TARDE ENFRENTAREMOS PROBLEMAS NOS PERMITIRÁ SER MAIS EFICAZES NA RESPOSTA. OBSTÁCULOS E DESAFIOS SEMPRE EXISTIRÃO, MAS ISSO NÃO SIGNIFICA QUE TENHAMOS QUE FICAR PRESOS A ELES. COMO EU JÁ DISSE ANTES, O OBJETIVO DE TER

UM FUNDO É CRIAR UMA RESERVA QUE NOS GARANTA ALGUMA TRANQUILIDADE EM TEMPOS DE CRISE. O FUNDO DE EMERGÊNCIA FINANCEIRA NOS DÁ TRANQUILIDADE ECONÔMICA; O FUNDO EMOCIONAL NOS DÁ FERRAMENTAS PARA GERENCIAR O QUE SENTIMOS E PENSAMOS. ISSO NOS AJUDA A TER MAIOR CLAREZA MENTAL PARA TRANSITARMOS PELO MUNDO.

O que você precisa para começar a construir seu fundo emocional? A seguir, compartilho três princípios básicos para essa construção.

1. **Amor-próprio:** o ser humano tem a tarefa de amar a si mesmo e de dedicar pensamentos e palavras amorosas a si mesmo. Nosso grande problema é que tendemos a negligenciar essa importante prática devido a obrigações e atividades que devemos resolver todos os dias. Precisamos acrescentar a isso as constantes comparações e desqualificações que fazemos de nós mesmos. ==Tudo isso prejudica a relação que temos conosco.== Por outro lado, quando nos amamos, cuidamos do nosso bem-estar, nos aceitamos, respeitamos e valorizamos. A particularidade desse amor é que ele não depende de mais ninguém, mas de você mesmo. Mas tenha

cuidado e não confunda isso com egoísmo. Quando você se ama e quer estar bem, quer o mesmo para quem está ao seu redor. É o começo da abundância, está lembrado? Comece conferindo a si mesmo palavras valiosas que o encorajam e fortalecem todos os dias ao acordar. Repita frases como "Hoje é uma grande oportunidade de fazer a minha paixão frutificar". Você também pode ficar na frente do espelho e se olhar com amor, sem se julgar. Faça com que a conversa consigo mesmo lhe transmita amor, respeito e aceitação. E, no final do dia, seja grato por tudo que você tem. É hora de assumir a responsabilidade por como você se sente e então construir a base do seu novo e fortalecido eu.

VOCÊ SE TRANSFORMA NAQUILO QUE DIZ A SI MESMO TODOS OS DIAS.

2. **Não viva no passado:** aprenda com suas experiências, mas não fique preso a elas. Se você acredita que tudo no passado foi melhor, muito provavelmente acabará afastando a prosperidade de você. Ancorar-se no passado enfraquece seu impulso de crescimento, pois você fecha as portas para novas experiências, conhecimentos e pessoas.

Se você pensar um pouco, perceberá que manter-se apegado ao que já aconteceu o impede de estar no presente. A riqueza é construída agora, com todas as nossas ações, e não com nossas memórias. Sentir saudade do que ficou para trás é como virar as costas para o caminho que se abre à sua frente. Além disso, na era digital de mudanças aceleradas, a melhor coisa que podemos fazer é estar presentes para responder adequadamente às exigências do mundo. Quero que você esteja vivo, dinâmico e preparado para o sucesso.

3. **Tome vitaminas emocionais:** isso é simplesmente viver a vida empoderado. O que você precisa é que suas emoções estejam saudáveis e funcionem perfeitamente para seguir na conquista dos seus sonhos. Isso lhe dará o impulso necessário não apenas nas suas finanças, mas também nos diversos aspectos da sua vida, como negócios, trabalho, família e relacionamentos pessoais. Tenha em mente que você se transforma naquilo que diz a si mesmo todos os dias. ==A linguagem é uma vitamina muito poderosa. Nunca se==

esqueça disso. Por isso, é importante repetir para si mesmo palavras que o estimulem a agir, que lhe deem segurança e injetem energia em você. Veja alguns exemplos de frases que você pode dedicar a si mesmo: "Prosperidade e sucesso são democráticos, então eu tenho direito a eles", "Crio oportunidades com meu esforço e minha dedicação" ou "Meu talento vale a pena".

Crescer mental e emocionalmente são dois aspectos importantes para fortalecer o seu impulso milionário. Trabalhe para desenvolver esses princípios. Seja paciente, mas constante. Lembre-se de que se trata de um processo no qual você aprende a negociar seus sonhos com a vida. Está percebendo a importância de ter uma formação emocional? Proteger suas emoções o ajudará a pensar com maior clareza, independentemente das circunstâncias e do contexto em que se encontra. Quando pensa em coisas boas, você está no controle de sua vida. O oposto acontece se as pessoas estão confusas. A confusão faz com que outra pessoa assuma o comando da sua vida. Com o tempo, isso acaba por estagnar a pessoa, e seu impulso criativo enfraquece.

Ter uma caixa-forte emocional lhe dá uma atitude mais positiva perante a vida. Se você acha que isso não é importante, experimente negociar com alguém que é negativo, que encontra obstáculos a cada passo e cujo discurso é uma reclamação constante. Provavelmente, você não vai querer lidar com essa pessoa de novo. Não estou dizendo que você é uma daquelas pessoas que, na sua obsessão por ser feliz, nega a realidade ou reprime o que sente. Isso apenas o deixaria frustrado, atraindo culpa e raiva desnecessárias. O que quero dizer é que, se você trabalhar a aceitação, estará aberto a negociar com as circunstâncias e com os outros. Você não buscará apenas impor a sua vontade. Você terá paz interior e clareza mental para enfrentar tudo o que surgir em seu caminho. Seu *chip* interno é proativo e focado em soluções. A decisão cabe a você. Você escolhe quão cheio deseja ver o copo da abundância.

QUANDO PENSA COISAS BOAS, VOCÊ ESTÁ NO CONTROLE DE SUA VIDA.

> QUALQUER ECONOMIA, POR MENOR QUE SEJA, SE FOR CONSTANTE, MAIS CEDO OU MAIS TARDE TRARÁ RETORNO.

GERANDO UM NOVO IMPULSO

Quero compartilhar algumas perguntas para ajudá-lo a criar o seu fundo financeiro de emergência. Reserve o tempo necessário para refletir sobre elas e responda em seu caderno.

1. Que tipo de emergências você enfrentou no passado e como as resolveu financeiramente?

2. Com base no seu orçamento mensal, quanto você poderia alocar para criar o seu fundo emergencial?

3. Determine o valor do seu fundo emergencial e faça um plano para obtê-lo.

4. Qual atividade você realizaria se precisasse de rendimentos adicionais para aumentar o seu fundo?

UM SEGREDO QUE TE IMPULSIONA

Uma das melhores maneiras de criar um fundo emergencial é envolver a sua família. Tente marcar uma reunião com seus familiares para conversar sobre o assunto e certifique-se de que não haja distrações. Defina suas prioridades e os itens para os quais desejam destinar suas economias. Ter um orçamento familiar será de grande ajuda para estabelecer o valor que desejam alcançar e quanto tempo levarão para conseguir. Você pode combinar um prêmio de que todos vão gostar quando atingirem seu objetivo. Prazer e motivação são ótimos aliados.

RESUMO MILIONÁRIO

MENTALIDADE DE CARÊNCIA → Reação imediata, descuidada, acumula outros problemas, age por desespero.

↑

EVENTOS IMPREVISTOS E EMERGÊNCIAS → **INIMIGOS DA PROSPERIDADE**
- Ressentimento.
- Raiva.
- Apegos ruins.
- Preguiça.
- Pessoas tóxicas.
- Ego mal direcionado.

↓

MENTALIDADE PRÓSPERA

↓

Previne, protege o que foi construído, antecipa problemas, busca soluções.

FUNDO EMOCIONAL
- Dá clareza e paz de espírito.
- Ajuda a gerenciar emoções.
- Boas práticas que fortalecem o sistema imunológico interno.

↓

Tenta estar protegido financeira e emocionalmente.

↑

↓

FUNDO FINANCEIRO DE EMERGÊNCIA
- Caixa-forte para imprevistos.
- Atende a prioridades (saúde, bens, negócios, desemprego).
- Benefícios: dá tranquilidade, permite que você tome decisões melhores, evita dívidas, cobre seis meses do nosso estilo de vida, permite o prosseguimento do plano de vida.

CAPÍTULO 5

ADAPTE-SE E PERCA O MEDO DA MUDANÇA

UMA HISTÓRIA COM IMPULSO

"Vamos, vamos, vamos, não se distraia", cantavam os hóspedes da pousada naquela noite fria de dezembro. Enquanto eu acompanhava a letra da canção popular, fiquei de olho nas idas e vindas da pinhata* pendurada no alto. Aquele modelo era muito diferente dos que eu conhecia. Pedi mais detalhes à pessoa que a comprara, e suas respostas aumentaram meu entusiasmo. A pinhata era verdadeiramente inovadora, pois era dobrável, prática e leve. Apesar do tamanho inicial, uma vez desdobrada podia comportar até sete quilos de doces. O que à primeira vista se parecia com uma caixa de pizza transformou-se num piscar de olhos numa pinhata colorida, pronta para a festa.

Yanalteh Solís é a jovem empreendedora por trás dessas obras-primas do *design*, como eu as chamo. Seu produto combina dois elementos valiosos: praticidade e um objeto marcante da cultura mexicana, também reconhecido em todo o mundo. Sua empresa, Piñata2Go, resolve o problema do tamanho incômodo, que faz com que as pinhatas acabem sendo manuseadas de maneira desordenada durante o transporte. A solução foi torná-las portáteis, e sua apresentação é

---

* N.E. "Pinhata" ou "pichorra" é muito popular no México, em aniversários e comemorações, principalmente em formato de estrela de cinco pontas. Geralmente são recheadas com frutas, balas e brinquedos pequenos.

muito chamativa. Yana, como é mais conhecida no mundo dos negócios, é um ótimo exemplo de pessoa com impulso milionário. Em vários momentos de sua vida enfrentou adversidades muito duras, mas as superou com garra, determinação e sabedoria para se adaptar.

Se você precisar de provas, há o fato de que ela conseguiu recuperar sua empresa depois de tomar um golpe. O golpe fez com que ela perdesse clientes e fornecedores, fosse obrigada a demitir funcionários e até correu o risco de ir para a cadeia. Mesmo perdendo tudo o que havia construído, essa mãe solo não desistiu. Ela vendeu o que tinha e voltou a trabalhar para pagar suas dívidas. Desde pequena conheceu as dificuldades, mas também aprendeu a superá-las. Ela era órfã e engravidou muito jovem. Porém, conseguiu ingressar com bolsa de estudos em uma importante universidade particular, e foi lá que iniciou sua carreira como empresária para se dedicar mais à filha. Enquanto trabalhava, estudava e cuidava da filha, desenvolveu o projeto da pinhata portátil. E, embora tenha sido ridicularizada por alguns colegas ao optar por começar com esse produto, Yanalteh se manteve firme. Quando começou a divulgar sua proposta, as pessoas responderam. Ela resolvia o problema da falta de espaço. E, além disso, sua solução era prática, criativa e muito chamativa.

Embora a empresa tenha parado de produzir, sua trajetória como empreendedora não passou despercebida. Depois de alguns anos sem rumo, ela conseguiu pagar suas dívidas e abriu a empresa novamente. Sem aviso, recebeu uma ligação que a colocou de volta no mapa. Era um programa de televisão voltado para empreendedores. A oportunidade atraiu a atenção de investidores e novos clientes, e o negócio decolou mais uma vez. Atualmente, a Piñatas2Go comercializa seus produtos em lojas *on-line* e de departamentos no México, além de exportar para Estados Unidos, Canadá, Dubai, América do Sul e Europa. Outro fato relevante é que sua empresa dá trabalho para outras mães solo, o que nos lembra que a verdadeira abundância é compartilhada.

O que quero mostrar a você com essa história, antes de mais nada, é a importância de entender as necessidades do mercado para entregar soluções. Sei que já disse isso anteriormente, mas são verdades que devemos ter em mente. Assim como a necessidade de quebrar paradigmas. E o exemplo da Yanalteh é muito ilustrativo. Além de resolver uma questão de praticidade para os clientes, seu *design* foi além e permitiu otimizar espaços para distribuição de seu produto. Em um local onde normalmente caberiam quinze pinhatas, ela consegue alocar cerca de trezentas. Ótima ideia, não acham? Em segundo lugar, a jovem empresária não optou por atalhos ou fórmulas mágicas, mas sim por inovação, perseverança e capacidade de adaptação. Se tivesse optado pelo mercado tradicional de pinhatas, as suas possibilidades de crescimento teriam sido menores. Ou, se tivesse desistido, porque as circunstâncias não a favoreciam, ela não teria procurado opções de comunicação e financiamento para fazer seu projeto funcionar. Sua atitude se manteve proativa, e por isso ela voltou a crescer rapidamente. Considere que o dinamismo é essencial nesta era digital. Nem todas as situações vão sorrir para você, mas, com o empurrão certo e foco no enfrentamento de obstáculos, tenha certeza de que alcançará lugares muito mais altos. A vida é cheia de desafios e pessoas com impulso milionário os enfrentam. Então, como diz a música: "Vamos, vamos, vamos, não se distraia, porque, se você errar, você perde o rumo".

> SE VOCÊ NÃO SE ESFORÇAR AO MÁXIMO, OBTERÁ RESULTADOS MEDÍANOS. ACOSTUME-SE A BUSCAR A EXCELÊNCIA.

OS TEMPOS MUDAM

Lembro-me de quando meu pai voltava para casa depois do trabalho e começava a fazer as contas. Com lápis e papel, ele registrava os movimentos financeiros daquele dia. Não existiam planilhas, nem a facilidade de consultar as transações bancárias. Em vez disso, havia grandes cadernos nos quais as quantias em dinheiro eram anotadas. As pessoas tinham de esperar que os extratos chegassem pelo correio ou tinham de ir à agência bancária para obtê-los. As consultas telefônicas aceleraram alguns processos, mas a verdade é que os dados fluíam lentamente quando comparados à velocidade de hoje. Perceba quantas mudanças tivemos em poucas décadas. Não estou falando apenas dos dispositivos e programas que temos agora, mas também dos ajustes que fizemos para nos adaptar ao contexto.

É bom nos lembrarmos de que anos atrás era estranho ver alguém falando ao celular na rua. Hoje, grande parte da nossa vida se traduz nisso. O aparelho não se limita mais a transmitir conversas, pois suas funções atuais praticamente o transformaram em um escritório de bolso. Essa realidade excede em muito as fantasias das gerações anteriores. Temos nossas contas pessoais disponíveis, podemos fazer transações monetárias em segundos e há lugares nos quais nem precisamos mais de dinheiro ou cartão de crédito, pois uma forma de pagamento mais eficiente está em mãos.

A era em que vivemos é assim: ágil, rápida e prática. Quando dizem que a tecnologia encurtou distâncias, não estão brincando. Basta pegar seu celular e postar uma foto em uma rede social para que pessoas do outro lado do planeta a vejam instantaneamente. Você também pode fazer videochamadas com familiares ou amigos que estão em outros países. Isso é algo que costumava ser ficção científica. Quer outro exemplo de como hoje temos um novo "normal", que há mais de uma década era impensável? Considere que antes apenas celebridades ou gente importante apareciam na televisão. Mas agora a tela foi democratizada. Qualquer pessoa com acesso à internet pode transmitir sua própria mensagem e fazer com que milhares ou milhões de pessoas a vejam em seus celulares, *tablets* e computadores. As possibilidades de entrar em contato com outras pessoas se multiplicaram de maneira surpreendente. E, para quem busca desenvolver seu impulso milionário, este momento está repleto de oportunidades para a geração de riqueza.

As mudanças não se limitam à comunicação. A informação é quase inesgotável. São bibliotecas inteiras à sua disposição, além de cursos e palestras de grandes professores e especialistas. Esse novo ecossistema também permitiu o surgimento de estilos de vida inovadores e modalidades de trabalho mais livres. Quem imaginava poder evitar engarrafamentos e resolver pendências de trabalho sem sair de casa? Essa agora é uma tendência à qual cada vez mais empresas estão aderindo. E o que podemos dizer do comércio eletrônico, que é uma ponte para conectar marcas com o resto do mundo? Pense nas pinhatas de Yanalteh Solís enquanto elas cruzam oceanos para chegar a festas em outros continentes. As possibilidades de sucesso se abrem diante de você. É por isso que quero compartilhar com você todo o meu entusiasmo pelo tempo em que vivemos. ==Um grande banquete econômico está servido sobre a sua mesa, e meu propósito é que você se farte com a fatia que é sua por direito. O banquete está aí para você.==

Use seus talentos e multiplique as oportunidades de monetizá-los. Se você aproveitar as vantagens que a internet lhe oferece, em breve terá um salto quântico em direção ao sucesso. Imagine este momento como uma onda que vai quebrar sobre a sua cabeça se você não a surfar. As mudanças não param, e é fato que continuarão acontecendo. Sem dúvida, você também já percebeu isso. Minha proposta vai além de nadar com a maré. Minha intenção é que você controle a onda, como os surfistas fazem com suas pranchas. Eu quero que você flua e seja livre. Portanto, neste capítulo, vou compartilhar as chaves para desenvolver sua capacidade de adaptação, vou te ajudar a dar valor único aos conhecimentos e habilidades que você já domina e, por fim, vou te falar sobre as quatro chaves que vão lastrear o seu impulso milionário. Vamos lá?

AS POSSIBILIDADES DE SUCESSO SE ABREM DIANTE DE VOCÊ.

> O VERDADEIRO APRENDIZADO É MAIS DO QUE ACUMULAR INFORMAÇÕES. A CURIOSIDADE E O DESEJO DE COMPREENDER SÃO A BASE PARA QUE O CONHECIMENTO DURE A VIDA TODA.

PEGUE ESSA ONDA

O cenário atual é bastante complexo, isso ninguém pode negar. E, para quem tem pouca experiência no mundo digital, o contexto pode parecer assustador. Mas não tenha medo. E, acima de tudo, não caia na armadilha de se tornar um espectador passivo ou de deixar passar oportunidades únicas. Considere que a tecnologia está avançando a passos largos, mas que também se tornou mais inclusiva. No passado, era necessário conhecimento técnico para se aproveitar das ferramentas digitais. Mas hoje em dia a maior parte dela é intuitiva. Observe a facilidade com que você manuseia o seu celular. É um bom começo, não acha? Quanto mais familiarizado você estiver com esse mundo tecnológico, maior será sua vantagem competitiva. Então faça com que valha a pena. Todos estamos convidados à abundância nesta nova realidade.

Nesta era, o caminho para a abundância exige uma adaptação rápida a esse mundo em contínuo movimento. E o principal requisito para alcançá-lo é simplesmente estar disposto a abraçar a mudança. Pode parecer óbvio para você, mas, acredite, tem muita gente que não consegue passar da linha de largada. Por outro lado, se você tiver clareza sobre o seu objetivo, dará esse primeiro passo e todos os demais que forem necessários. Sei que muitas vezes o medo é o principal obstáculo a ser superado. É uma reação automática ao novo, ao desconhecido. Ele paralisa a todos nós em algum momento. Mas o que acontece quando você para de ver as mudanças como uma ameaça? Em vez disso, imagine que se trata de uma caixa cheia de presentes. Você se recusaria a dar uma olhada dentro dela? Tenho certeza de que a prosperidade que você procura o aguarda no interior dela. O que você está esperando para abri-la?

A NOVA ERA APOSTA NA ESPECIALIZAÇÃO, NO VALOR E NA ORIGINALIDADE.

Outra chave para essa adaptação é ter uma mente preparada. A mentalidade com impulso milionário é curiosa, e esta época está cheia de maravilhas a serem exploradas. Se você ainda não sabe como a tecnologia pode beneficiá-lo, não veja isso como um obstáculo. Em vez disso, pergunte-se como isso pode ajudá-lo a ser mais eficaz no que faz. Pegue o seu caderno e anote as dificuldades mais comuns do seu dia a dia. Pode ser qualquer coisa, desde esquecer tarefas simples até calcular seus impostos. Ou pense em quais processos você poderia melhorar. Em seguida, investigue se existem ferramentas digitais que podem ajudá-lo. Você ficará surpreso com a quantidade de opções disponíveis, muitas delas gratuitas. O mundo digital está repleto de aplicativos, programas e *sites* que podem facilitar o seu trabalho, catapultar o seu negócio, aproximar você de novos clientes ou dar vida a ideias que você nem imaginava. O conhecimento sempre será o seu maior aliado. E, se você for proativo em seu aprendizado, sua capacidade de adaptação será mais rápida e dinâmica. Comece a pesquisar tópicos que lhe interessam ou pelos quais você tem paixão. Quando menos perceber, sua visão estará ainda mais ampliada.

É importante que você não confunda adaptação com reatividade. A grande diferença é que a adaptação ocorre de forma consciente, pois exige estratégias para abraçar a mudança. ==Em contraste, quando você é reativo e pega a onda, ela acaba te dando um caldo. Por quê? Porque não houve um processo de reflexão por trás disso.== Muitas pessoas reagem por medo. É por isso que a mudança as pega desprevenidas e elas acabam confusas e sobrecarregadas. É muito diferente se a sua força motriz for o desejo de explorar o que essa realidade tem para você. Trata-se de um remédio infalível para que você não fique preso. A adaptação é como uma pílula de força com muitos benefícios, incluindo os seguintes:

- Você se moverá muito mais rápido dentro do sistema. Vai entender como tudo funciona e conhecer as melhores formas de chegar às soluções.

- ==Seu conhecimento, seu talento e suas habilidades permitirão que você mesmo determine quanto vale o que faz, não o sistema.==

- Você absorverá novas práticas que lhe darão um impulso maior.

- Você terá um estado mental positivo que lhe facilitará enfrentar novos desafios. Sua confiança ficará maior, porque você não terá mais medo da mudança.

O sistema anterior era projetado para a produção em massa. A educação era genérica, assim como muitos empregos. Em vez disso, esta nova realidade está comprometida com a especialização, o valor e a originalidade. Portanto, os indivíduos de hoje devem se destacar pelo que são e pelo que fazem. Eles devem ter uma marca pessoal que lhes dê o impulso necessário para explorar o que os torna únicos. Quer saber como fazer isso?

> NÃO HÁ APRENDIZADO SEM MUDANÇA.

CONSTRUA SUA MARCA PESSOAL

Socializar faz parte da nossa vida. Contamos histórias uns para os outros, ouvimos uns aos outros e procuramos pertencer a um grupo porque isso está em nossa natureza. E agora a tecnologia contribui para esta realidade. O panorama dos nossos relacionamentos mudou, as distâncias foram encurtadas, a comunicação está muito mais rápida e as demandas são imediatas. Mas o que não mudou foi a nossa necessidade de nos aproximarmos das outras pessoas e de nos identificarmos com elas. Tenha isso em mente, porque esse princípio é fundamental para gerar abundância nesta era digital.

As pessoas sempre precisam de alguém em quem confiar, alguém a quem consultar quando não sabem de algo ou quando têm dúvidas, alguém a quem recorrer para resolver seus problemas.

No dia a dia, ligamos para o eletricista, vamos ao médico ou nos dirigimos ao mecânico do bairro onde moramos. Especialistas a três quarteirões de distância sempre terão sua clientela, mas você já se perguntou se pode ir mais longe?

Como expliquei no terceiro capítulo, todos somos vendedores. Cada um de nós tem potencial para ajudar a resolver problemas e ser recompensado por isso. Mas o que aconteceria se levássemos esse princípio um passo adiante e profissionalizássemos a nossa presença na internet? ==Sua marca pessoal é exatamente a ponte que fará a conexão entre o mundo tradicional e o digital.== Eu a considero uma espécie de impressão digital, pois é única e intransferível e define quem você é nesse oceano de informações. E, mesmo que você não acredite, é muito fácil criá-la, pois você já tem o principal: um nome e um sobrenome. No entanto, seu objetivo agora deve ser escalar para o próximo nível. Pense nisso como sua empresa virtual. Se você a vê dessa forma, considere ter um logotipo que represente quem você é e o que oferece, adicione um *site* que expanda as informações que deseja transmitir e crie sua presença nas redes sociais. Essas medidas são o trampolim para se impulsionar neste novo mundo.

SUA MARCA PESSOAL VAI MUITO ALÉM DE UMA IMAGEM.

Sua marca pessoal vai muito além de uma imagem. Ela é como um clone virtual que estará disponível o tempo todo e ajudará as pessoas a se conectarem com você e com o que você faz. Carimbe sua marca pessoal para que outras pessoas possam localizá-lo facilmente. Isso lhe dará uma vantagem competitiva. Mas tenha cuidado: certifique-se de que o que você projeta corresponde ao seu conhecimento, ao seu talento e à sua paixão, para que nada pareça falso. É essencial que você comunique a sua essência. Dessa forma, o seu impacto será duradouro e corresponderá a quem você realmente é. Quais são as vantagens de ter uma marca pessoal?

- **A saída do anonimato.** Ao se tornar visível, seu produto, seu serviço ou sua mensagem alcançará novas pessoas. Se você também interagir com elas, fique tranquilo que vão te procurar. Clientes gostam de estar em contato com alguém pessoalmente, não com um algoritmo.

- **A criação de um *link*.** Quando as pessoas se sentem conectadas a alguém, elas passam a depositar confiança nesse alguém e no que ele faz. ==A recompensa será a fidelidade delas, o que lhe dará credibilidade no ambiente em que atua.==

- **A reunião de uma tribo.** Gosto de chamar assim à comunidade que nos segue, nos recomenda e nos consulta. Lembre-se de que todos nós queremos fazer parte de um grupo.

- **A sua história contada.** ==As pessoas gostam de conhecer a trajetória dos outros.== Além de nos ajudar a nos identificar com alguém, a história nos diz se há uma correspondência com nossos valores, nossas ideias, nossa visão de mundo e outros aspectos.

> QUANDO VOCÊ ENCONTRAR O CAMINHO DA DIFERENÇA, O PRÓPRIO SISTEMA VAI RECOMPENSÁ-LO POR SER DIFERENTE.

O ABC DA MARCA PESSOAL

Quando comecei minha página "Mente milionária & Pense como rico" (https://www.facebook.com/SecretosDeLosRicos/), me perguntei o que poderia propor para fazer meu conteúdo se destacar do que outros estavam fazendo na área de educação financeira, desenvolvimento pessoal e motivação. O mais comum era encontrar cartões-postais eletrônicos nas redes sociais. Achei que repetir aquela fórmula não iria me dar o impacto que eu buscava. Foi assim que peguei uma folha da minha agenda, escrevi à mão e compartilhei a imagem. Os diagramas e as explicações feitos com minha própria caligrafia se tornaram minha marca registrada. Optei por algo simples, mas ao mesmo tempo mais intimista. As pessoas gostaram. Não era algo comum, daí reagirem de maneira favorável. Para mim foi algo orgânico pegar um guardanapo ou um papel que tinha em mãos para fazer meus diagramas. Hoje em dia, tenho a tendência de explicar as informações graficamente, porque assim o cérebro as retém com maior facilidade.

Esse diferencial me permitiu criar empatia com os usuários. E o que diferencia você? Sugiro que pegue o seu caderno e reserve alguns minutos para descobrir. Faça uma lista na qual identifique de três e a cinco características que o tornam único. O resultado lhe dará uma orientação inestimável para desenvolver sua marca pessoal.

É igualmente importante que você saiba o que está sendo feito em sua área. Dessa forma você evita repetições, economiza tempo, conhece as propostas que existem por aí e deixa de pensar que vai inventar a roda. Explore o nicho de mercado no qual você atua ou deseja entrar. Conheça e analise quais são as melhores práticas para que possa se orientar pelo que é útil para você e ver o que pode melhorar. Isso dará ao seu talento os nutrientes necessários para ser competitivo. Além disso, ao investigar, você se adapta conscientemente ao seu contexto, e seus passos tomam uma direção definida.

Não pense que a marca pessoal é apenas para profissionais. Qualquer pessoa com impulso milionário precisa explorar seus talentos em nosso novo sistema. Todos são bem-vindos, incluindo carpinteiros, atletas, médicos, trabalhadores domésticos, estudantes ou qualquer profissão que você tenha. Todos têm algo com que contribuir. Agora quero compartilhar com você os passos básicos para que possa construir sua marca pessoal milionária.

> TRANSMITA VALORES QUE CONTRIBUAM PARA O BEM-ESTAR DOS SEUS SEGUIDORES.

Passo 1. Identifique no que você é bom e seus pontos fortes. Estou falando sobre seus talentos naturais, suas habilidades, sua experiência, suas paixões e seus interesses. Essas são as bases que sustentarão a sua marca.

Passo 2. Pense em como você vai se vender. Lembre-se de que ao mesmo tempo você é seu produto, seu gerente de vendas e seu diretor de *marketing*. Como você deseja aparecer para os outros? O que você oferece, diz e faz deve ser consistente.

Passo 3. Identifique onde você estará presente. Neste momento é importante que tenha clareza sobre o seu nicho de mercado. Qual é a sua tribo? Sua proposta não é para todos, então defina a comunidade na qual você terá verdadeiro impacto.

Passo 4. Encontre o seu estilo. Esse é o ingrediente essencial para ser autêntico e original. Isso não se resume ao que você faz, mas ao que ninguém mais pode oferecer. É o seu selo de exclusividade, com o qual você se sente confortável.

Passo 5. Gere conteúdo valioso em sua tribo. Trata-se de proporcionar experiências aos seus usuários, despertar emoções e solucionar necessidades para que eles queiram retornar.

Passo 6. Dê continuidade à sua marca. Para impactar positivamente a sua tribo, você deve sempre mostrar consistência e se esforçar para que o seu trabalho deixe uma marca transcendental. Transmita valores que contribuam para o bem-estar dos seus usuários. E lembre-se de que nesta era estamos mais visíveis do que antes, por isso tome cuidado com suas ações e palavras.

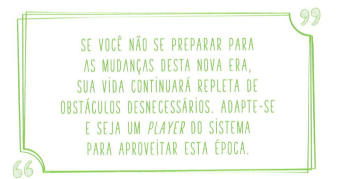

SE VOCÊ NÃO SE PREPARAR PARA AS MUDANÇAS DESTA NOVA ERA, SUA VIDA CONTINUARÁ REPLETA DE OBSTÁCULOS DESNECESSÁRIOS. ADAPTE-SE E SEJA UM *PLAYER* DO SISTEMA PARA APROVEITAR ESTA ÉPOCA.

AS QUATRO CHAVES DE IMPULSIONAMENTO

Abraçar a mudança e ter uma marca pessoal que o apoie no mundo digital são ingredientes essenciais para fortalecer o seu impulso milionário. Agora, compartilho com você quatro chaves que vão impulsioná-lo a alcançar o próximo nível de crescimento. Estas ferramentas o ajudarão a explorar e fortalecer a sua força interior e a ter o impulso necessário para enfrentar as diferentes situações que surgem em seu processo de desenvolvimento. Lembre-se de que, quando você fortalece o seu interior, abre caminho para os seus sonhos.

PRIMEIRA CHAVE: DESENVOLVIMENTO ESPIRITUAL E PESSOAL

Eu a considero a chave mestra. E por que dou tanta importância a isso? Porque ela abre as portas para as grandes questões do ser, como: Quem sou eu? Qual a minha missão no mundo? Para onde quero ir?, entre outras. Ela aponta diretamente para dentro, que é o nosso centro de comando. É aqui que se iniciam as grandes vidas. A partir daqui, começaremos a materializar o potencial que trazemos de fábrica. O que pensamos, as palavras que dizemos a nós mesmos, nossas atitudes e nossas aspirações são processadas dentro de nós. Portanto, se atendermos à nossa essência, aprenderemos a lidar com a culpa, o medo, a ansiedade e com todos os outros inimigos da prosperidade. Quando cuidamos do nosso espírito, encontramos maior harmonia em nossa vida, nos sentimos mais realizados, nos desintoxicamos de padrões negativos, fortalecemos nossos valores e estamos preparados para enfrentar os desafios desta nova era. Pense bem: neste momento de mudanças incessantes, é uma vantagem ter um espaço de tranquilidade onde possamos nos refugiar. Este é um pilar sólido para nos dar apoio. Sem paz e equilíbrio interiores, o sucesso financeiro e o pessoal logo escapam por entre nossos dedos.

DICAS PARA NUTRIR SEU ESPÍRITO:

- Caminhe cerca de 30 minutos por dia. Aproveite o deslocamento da sua ida para o trabalho ou para casa. Ao longo do caminho, seja grato pelo que você tem, seja pouco ou muito. Não se limite aos bens materiais: inclua sua família, amigos, trabalho, animal de estimação, habilidades, aprendizado ou o que quer que o alimente por dentro.

- Reserve um tempo para sair e contemplar a natureza. Observe a ordem e a harmonia do mundo e deixe-se inspirar.

SEGUNDA CHAVE: MENTE ABERTA

Esta chave é adaptativa. Evite se apegar a ideias preconcebidas para manter sempre uma postura crítica. Ao usá-la, você abre a porta da tolerância e se torna receptivo a novos pensamentos e novas possibilidades. Quem utiliza essa chave sabe que não possui a verdade absoluta, e por isso o seu horizonte de pensamento é mais amplo. Isso nos motiva a aprender continuamente, e nossa sede de conhecimento a enriquece. Quando cultivamos essa abertura, nos tornamos mais flexíveis e dinâmicos, pois consideraremos outros pontos de vista que poderemos aproveitar em nossos projetos. E isso vai injetar agilidade e rapidez às nossas decisões.

Outra característica que acompanha essa mentalidade é a disposição para ouvir. Esse é um dos pilares para criar empatia e formar vínculos com as pessoas. Imagine o que você pode alcançar se levar isso para sua vida pessoal, profissional, familiar ou para a criação de sua tribo.

Finalmente, a abertura influencia positivamente a forma como você age e pensa. Você acessa recursos diferentes dos de outros, outras perspectivas, e elas serão percebidas no seu crescimento acelerado.

DICA PARA RENOVAR A SUA MENTALIDADE:

- Reserve alguns minutos para ficar em silêncio consigo mesmo uma vez por semana. Reflita sobre as barreiras mentais que o limitam. Pense em como você pode quebrá-las ou transformá-las a seu favor. Lembre-se de não se julgar. Tenha em mente que erros não são bons ou ruins, mas simplesmente fazem parte do aprendizado. E, acima de tudo, foque em resgatar os aprendizados que você teve no seu processo.

TERCEIRA CHAVE: VISUALIZAÇÃO

Eu a chamo de ponte entre o presente e o futuro. Essa chave nos projeta para o amanhã e nos faz sentir parte dele, como se já estivéssemos lá. Como funciona? A visualização faz com que a nossa mente se coloque nos cenários que mais desejamos, e, dessa forma, sentimos essa realidade. É o poder da imaginação em todo o seu esplendor. Porque, quando sua mente acessa um sonho com clareza, ele acaba se manifestando no seu presente.

O que sempre me chamou a atenção é que, embora esteja ao alcance de todos, poucos a cultivam. Além disso, existem três erros comuns que tornam essa chave menos eficaz: não a desejamos com todos os nossos sentidos, não a transformamos em uma parte do nosso estilo de vida e não sustentamos uma imagem em nossa mente pelo tempo necessário.

Como podemos remediar isso? Primeiro, pergunte-se: "O que eu vejo?", "Como eu me vejo?" e "Como me sinto?". Isso tornará mais tangível o que você visualiza. Esse é o manual de instruções da sua mente. E, segundo, descreva os detalhes da sua nova vida. Vale tudo para tornar a imagem mais viva. Quanto mais clara ela for, mais rápido você a alcançará. Convido você a fazer o teste. Não tenho dúvidas de que isso o ajudará a criar uma visão poderosa de si mesmo.

DICA PARA FORTALECER SUA VISUALIZAÇÃO:

- É essencial ser paciente e constante. Visualizar seu futuro requer prática. E, como tudo, é necessária uma certa ordem que leva tempo. Imagine como se você plantasse um pensamento. Para que ele germine, floresça e frutifique, é preciso cuidado constante. Então regue-o diariamente, fertilize-o mantendo uma mente aberta e seja grato. Quase sem que você perceba, ele acabará se parecendo com o que visualizou. E então essa será a hora de colher resultados.

VISUALIZAR SEU FUTURO REQUER PRÁTICA.

QUARTA CHAVE: AFIRMAÇÕES POSITIVAS

Essa é a ferramenta que permite consolidar o seu progresso e continuar progredindo. Considero-o o leme que orienta seus esforços. Palavras positivas são muito poderosas, não me canso de repeti-las. Elas impedirão que você desista e direcionarão o seu exercício com as outras três chaves. A linguagem afirmativa faz com que você sinta que merece abundância em sua vida. Elas são uma ferramenta essencial para programar o seu *chip* interno e levá-lo à ação. Por que são tão eficazes? Porque dão um tom luminoso ao seu diálogo interno. É o oposto das reclamações e do medo, que escurecem a sua consciência. Essa clareza é a base da sua saúde emocional, mental e financeira. Para mim, um dia sem afirmações positivas é um dia perdido.

DESAFIO DOS SETE ESPELHOS:

- O objetivo é que você alimente suas crenças e fortaleça seu impulso milionário. Como funciona? Faça isso ao acordar. Primeiro, repita a frase por um minuto e depois se olhe no espelho. É simples assim. Faça o exercício várias vezes ao longo dia (pelo menos três vezes) para obter melhores resultados.

CAPÍTULO 5 | Adapte-se e perca o medo da mudança

> O SUCESSO É UM JOGO MENTAL
> NO QUAL ME VISUALIZO
> SENDO O QUE DESEJO.

GERANDO UM NOVO IMPULSO

Compartilho algumas perguntas para que você as responda em seu caderno.

1. Descreva como é a tribo (nicho) que você deseja atingir. Detalhe a faixa etária, as preferências, as características que compartilham e todas as informações que você considera valiosas para posicionar a sua marca pessoal.

2. Identifique três *players* relevantes no seu nicho de mercado e analise suas melhores práticas. O que você pode incorporar à sua marca pessoal?

3. Como são seus diálogos internos (afirmativos, negativos, trazem culpa etc.)?

4. Anote seus três diálogos negativos mais recorrentes e analise como você pode modificá-los para que sejam ativados de forma positiva.

UM SEGREDO QUE TE IMPULSIONA

UMA FERRAMENTA QUE FAZ MARAVILHAS PARA POSICIONAR SUA MARCA PESSOAL É O *STORYTELLING*. ELE É IDEAL PARA O ECOSSISTEMA DA INTERNET. EM ESSÊNCIA, TRATA-SE DE CONTAR UMA HISTÓRIA QUE MEXE COM AS EMOÇÕES DOS USUÁRIOS. A INTENÇÃO É QUE ELES SE IDENTIFIQUEM COM AS HISTÓRIAS QUE VOCÊ COMPARTILHA. ESSA É UMA ÓTIMA MANEIRA DE FAZER A SUA TRIBO SE ENGAJAR E CRIAR UM SENTIMENTO DE PERTENCIMENTO. QUANDO VOCÊ CONHECE O SEU NICHO, É MAIS FÁCIL SE CONECTAR EMOCIONALMENTE COM AS PESSOAS. MAIS DO QUE RECEBER INFORMAÇÕES, ELAS VIVEM UMA EXPERIÊNCIA QUE NUNCA MAIS SERÁ ESQUECIDA. O MAIS IMPORTANTE É QUE VOCÊ CONTE ALGO QUE DESPERTE O INTERESSE DA SUA TRIBO. CRIE UM INÍCIO QUE OS ATRAIA, UM CONFLITO QUE OS ENVOLVA E UM RESULTADO QUE OS SURPREENDA. NOSSA VIDA É FEITA DE EXPERIÊNCIAS, ENTÃO APRENDA A CRIÁ-LAS.

RESUMO MILIONÁRIO

A. Mover-se com agilidade no sistema.

B. Ter um estado mental positivo.

C. Incorporar novas práticas e ferramentas.

D. Determinar quanto vale o que você faz.

CAPACIDADE DE ADAPTAÇÃO

VANTANGENS EM SE ADAPTAR

MAIOR VELOCIDADE E DINAMISMO

A NOVA ERA DIGITAL EXIGE:
- Ter uma mente preparada e curiosa.
- Abraçar a mudança.

CRIAR UMA MARCA PESSOAL PERMITE:

1. Formar uma tribo de usuários.
2. Monetizar seus talentos pessoais.
3. Construir uma ponte entre o mundo tradicional e o digital.
4. Ter uma vantagem competitiva.
5. Gerar conteúdo valioso.

- Desenvolvimento espiritual e pessoal.
- Mente aberta.
- Visualização.
- Afirmações positivas.

} **4 CHAVES DE IMPULSIONAMENTO**

CAPÍTULO 6

COLABORE PARA CRESCER

UMA HISTÓRIA COM IMPULSO

"Não contrate funcionários, contrate potenciais parceiros" é uma das frases características de Carlos Muñoz em seus vídeos e conferências. Ele respalda suas palavras com ações, à medida que três de seus funcionários mais bem-sucedidos se tornaram parceiros estratégicos para expandir as operações do Grupo 4S, uma empresa de consultoria imobiliária de sucesso. Carlos é um dos três sócios fundadores da empresa natural da cidade de Monterrey, ao norte do México. Em pouco mais de uma década, a expansão da companhia foi vertiginosa. Está presente em 18 países da América Latina e tem mais de 1.600 projetos em seu portfólio.

Mas nem tudo foi fácil para Carlos Muñoz e seus sócios. No início da década, a empresa estava à beira da falência. Seu projeto de construção de um prédio de apartamentos era impecável. Não demoraram muito para realizar as primeiras vendas, e o plano fluiu sem obstáculos. No entanto, logo em seguida ocorreu um abalo na área de construção, e as vendas despencaram. A cidade passava por maus momentos, mas os sócios decidiram continuar. As dívidas se acumularam, e o dinheiro não entrou. Quando terminaram a construção, a dívida já era milionária. O empresário lembra daquele episódio como um inferno do qual conseguiram escapar com grandes sacrifícios.

A firma se manteve em boa medida graças à sua visão empresarial, à criatividade e à capacidade de adaptação. Essas características lhe renderam onze reconhecimentos internacionais e o prêmio mais importante do setor imobiliário. Uma conquista que nenhuma empresa latino-americana havia alcançado. Além disso, aproveitou a curiosidade intelectual de Carlos para chegar a outros países. Com a publicação de seu primeiro livro, começou a receber ofertas das Américas Central e do Sul. E se esse jovem empresário se destaca em alguma coisa é na exploração de sua personalidade e de seu conhecimento. Seus casacos coloridos e a descontração com que se comporta nas redes sociais têm atraído milhares de empreendedores, que acompanham seu *blog*, suas conferências e seu canal de vídeos. ==Sua marca pessoal se transformou em uma ferramenta valiosa para a empresa, uma vez que o tornou visível e o ajudou a atrair novos clientes e projetos.== E, na sua posição de Diretor do Futuro da empresa, fica claro que o Grupo 4S está comprometido com a inovação. Uma característica que diferencia sua companhia é o uso da tecnologia para fazer uma leitura inteligente do mercado. Isso permite ao escritório detectar oportunidades que a concorrência não enxerga e, graças a isso, oferecer ótimos resultados aos seus clientes. Suas soluções se adaptam às necessidades do corretor, da cidade e do tipo de projeto. É uma proposta muito diferente do resto de seus rivais comerciais, que se limitam a imitar o que fazem outros concorrentes. Uma segunda característica da empresa é que ela está comprometida com o talento de seus colaboradores. Essa qualidade atrai consultores que não apenas somam valor com suas competências e conhecimento, mas também têm potencial para crescer com a empresa. Eles compartilham da mesma visão e estão empenhados. Essa mentalidade permite que eles progridam de funcionários a parceiros estratégicos.

Hoje, a organização conta com cerca de trezentos consultores e oferece mais de uma dezena de serviços no setor imobiliário. Seu modelo de negócios permite atender desde a concepção do produto até a venda — é capaz até de resgatar bons projetos com estratégias de negócios anteriores ruins. Esse dinamismo, sem dúvida, permitiu que avançasse no cenário internacional.

Algo que realmente me chamou a atenção no Grupo 4S foi a sua visão. Não estou falando apenas de sua estratégia de negócios, mas da atitude para com seus colaboradores. Eles procuram talentos e entendem que as pessoas são a base de qualquer organização. É por isso que contratam pessoas para trabalhar *com* eles e não *para* eles. Você entende a diferença? O colaborador participa, é cúmplice do crescimento da organização. Seu compromisso não termina com o final do expediente. Vai mais longe. Ele contribui porque sabe que o bem-estar da empresa se traduz no seu próprio desenvolvimento e na sua prosperidade. Essa é a semente de equipes eficazes. Os negócios são atividades em grupo, não se esqueça disso.

A combinação de líderes e organizações disruptivos com inteligência tecnológica e humana é a que melhor prospera no novo sistema. Essas empresas são mais ágeis e flexíveis porque não seguem mais a relação tradicional entre chefe e funcionário, mas sim a do líder e do colaborador. Elas são mais produtivas porque deixam de lado a obediência cega e, em vez disso, buscam talento e criatividade. Você quer saber mais? Venha comigo.

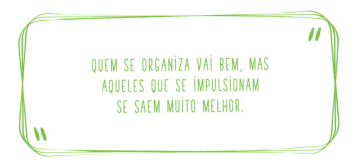

QUEM SE ORGANIZA VAI BEM, MAS AQUELES QUE SE IMPULSIONAM SE SAEM MUITO MELHOR.

ACABE COM A INÉRCIA

Todos nós já sofremos em algum momento com os efeitos da burocracia. Lentidão e baixa produtividade são as primeiras coisas que vêm à mente quando pensamos nisso. Como consultor, conheci em primeira mão os efeitos negativos desse tipo de empresa. Os processos não fluem e acabam atrasando o trabalho de toda a sua equipe. Eles se movem com morosidade em uma era que exige dinamismo e velocidade. Não estou exagerando quando digo que conseguir uma simples autorização pode ser um martírio. Se você trabalha com vendas, por exemplo, certamente já teve sua paciência testada aguardando o seu gerente de compras. Na melhor das hipóteses, você apenas perde tempo; na pior das hipóteses, você nem sequer se reúne com o tomador de decisão.

Coisas simples tendem a ficar complicadas nesse tipo de empresa. Você percebe quanto essa forma de operação é cara? Se você está começando um negócio, é empresário ou quer contribuir para o sucesso da sua empresa, isto é algo que deve evitar. Nosso tempo é caracterizado pela rapidez das mudanças, e, se você não se adaptar, as oportunidades não baterão duas vezes à sua porta. É por isso que as organizações do futuro devem estar preparadas para responder aos desafios de forma rápida e eficaz. Ninguém vai esperar que as empresas e os negócios reajam e aproveitem a onda dos novos tempos. Elas precisam agir rapidamente e acabar com as práticas que travam o seu impulso milionário.

Me lembro que, desde a época de estudante, o ecossistema empresarial era baseado no controle hierárquico. Você já conhece a estrutura: um chefe que comanda e um grupo de funcionários que obedecem. Na verdade, é assim que muitas empresas continuam a operar. Não importa se são grandes corporações ou projetos empresariais que estão apenas começando. Essa hierarquia parece tatuada da mesma forma na mente de patrões e empregados. E isso favorece cenas como a que compartilho com você a seguir (você pode até ter vivido algo parecido mais de uma vez).

Imagine que o dono da empresa viaje por alguns dias. A regra não escrita é que as decisões devem passar pela sua mesa e ter a sua assinatura ou, pelo menos, a sua aprovação verbal. Durante essa ausência, um fornecedor faz uma oferta que traria uma economia significativa para a empresa. Ele não confia na equipe de compras, e, portanto, ela não tem poder para fechar o negócio. Os funcionários tentam localizar o proprietário, mas ele não responde aos *e-mails* nem às ligações. Quando finalmente o encontram, não só a oferta foi perdida, mas outros processos foram interrompidos porque o executivo não estava presente para autorizá-los. Não será a primeira vez que isso acontece. Durante suas ausências, todo o trabalho da organização fica paralisado, não apenas o do pessoal de compras, mas também o das equipes de vendas, produção, estoques e logística. Porém, ninguém tem autoridade para desbloquear os processos.

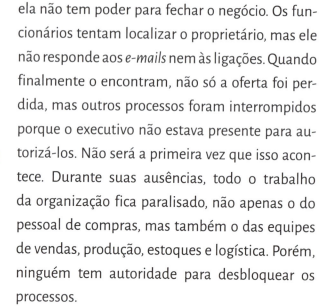

SE VOCÊ NÃO SE ADAPTAR, AS OPORTUNIDADES NÃO BATERÃO DUAS VEZES À SUA PORTA.

Infelizmente, o exemplo dado é mais frequente do que se acredita no ecossistema empresarial e do empreendedorismo. E, se é tão comum, você pode se perguntar "Qual é o problema?". **Essas organizações não querem mudar seus hábitos, mesmo sabendo que o mundo está mudando.** Elas resistem em adaptar seu comportamento às circunstâncias. A inércia do hábito as supera. O problema dessa atitude é que vivemos em tempos diferentes. A tecnologia, a velocidade e a eficiência agora definem o ritmo do jogo econômico. Se você não se adapta, não sobrevive. Portanto, essa nova era exige que a sua organização ajuste seus modelos para responder de forma mais inteligente aos desafios. E isso inclui repensar o papel e a relação de líderes e colaboradores. É sobre isso que quero falar com você nestas páginas, para que possa levar sua empresa a um nível mais alto.

EMPRESAS EFICIENTES CONSTROEM IMPÉRIOS; AS TÓXICAS ACUMULAM DÍVIDAS.

A RIQUEZA ESTÁ NO CAPITAL HUMANO

Como consultor, sempre desconfio das aparências. As organizações podem ter grandes escritórios e instalações de alto nível, mas, quando olho para elas internamente, o cenário muda. Seu modelo hierárquico faz com que seus processos fiquem lentos ou estagnados, derivando más práticas e falta de fluidez ou falhas na comunicação entre os departamentos. Isso se reflete na baixa produtividade e no desânimo das pessoas. Muitas delas se mostram insatisfeitas ou acham tedioso ir trabalhar. Outras comparecem, completam suas tarefas e vão embora. Elas não sentem um vínculo mais forte com a empresa e nem sequer têm clareza sobre a missão e a visão dos seus locais de trabalho, fazendo com que o significado de seu esforço seja limitado a receber o seu salário. Elas trocam o seu tempo por um salário e, pelo mesmo motivo, não aproveitam o seu talento.

A mentalidade hierárquica tem funcionários, não colaboradores. A busca pela centralização do comando impede que outros participem das decisões. O resultado são pessoas sem comprometimento. Costumo chamar a prática oposta de "Controle colaborativo". A seguir, apresento as diferenças entre as duas visões.

Controle hierárquico	Controle colaborativo
• Não há confiança no capital humano.	• Confiança no capital humano e ênfase no autocontrole.
• Sua estrutura é cara e burocrática.	• Sua estrutura é autossustentável e dinâmica.
• Apresenta problemas no fluxo de informações.	• Informações inteligentes que facilitam a tomada de decisões.
• É imposta.	• Dá liberdade e estimula.
• "Tenho que ir trabalhar."	• "Gosto e quero ir trabalhar."
• Baseia-se em objetivos individuais.	• Busca coletiva pelo bem comum.

A estrutura colaborativa requer uma organização enxuta. Com isso me refiro a um tipo de organização que se move com agilidade e responde prontamente aos clientes e às suas próprias necessidades internas. Além disso, aproveita o potencial tecnológico para tornar a tomada de decisões mais eficiente, pois tem acesso a mais e melhores informações. Outra característica é a sua leveza, pois não requer que as pessoas estejam ancoradas em um espaço físico, como um escritório. *Smartphones*, computadores e aplicativos permitem a colaboração remota e proporcionam uma flexibilidade que antes seria impensável. Nesta nova era, as distâncias não são mais um obstáculo. É como ter um trabalho portátil, e essa é uma tendência que ganha cada vez mais espaço. ==Uma característica fundamental do modelo colaborativo é a sua produção de valor e de riqueza a partir do seu capital humano. A cooperação é essencial.== Sem ela não pode haver criatividade nem canais de comunicação claros, inteligentes e eficazes. Essa forma de trabalhar permite que os colaboradores confiem na importância de suas tarefas e, principalmente, se mantenham comprometidos. Quando você tem um grupo unido com objetivos claros, seus membros procurarão maneiras de apoiar e regular uns aos outros. Mais do que cumprir um cronograma, eles se preocupam em alcançar melhores resultados. O esforço é compartilhado, porque os benefícios também são.

Como já sabemos, este momento exige dinamismo e inovação. Minha proposta é que as organizações tenham equipes de alto desempenho. Por um lado, será satisfeita a necessidade de responder rapidamente às situações; por outro, abre portas para novos projetos que se alinhem ao propósito e aos valores da empresa. O melhor de dois mundos: agilidade e empreendedorismo interno. Cada área ou unidade de negócios funciona como uma equipe de especialistas. Mesmo as pequenas empresas podem reforçar o sentimento de pertencimento dos seus funcionários e lhes proporcionar a autonomia necessária para que atuem como um grupo de desempenho eficaz. Seu tamanho é uma vantagem para funcionar de forma leve, como os novos tempos exigem. Você tem de aspirar a grandes objetivos, como ocorre com equipes esportivas que fazem história ou bandas de música lendárias. Em separado, cada componente é excelente, mas, juntos, são uma lenda.

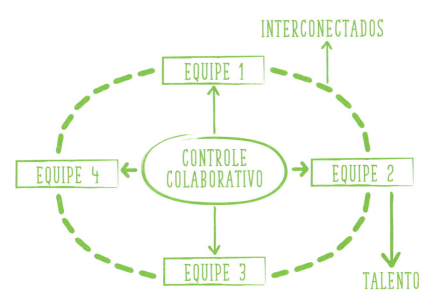

Hoje em dia, falamos em estar conectados. Para mim, este termo implica mais do que apenas comunicação tecnológica, pois inclui trabalhar em prol do mesmo objetivo e para o bem comum. Se eu me beneficio, você também se beneficia. Quando a equipe tem clareza sobre o seu propósito e o que busca alcançar, chega então a etapa de fornecer as ferramentas necessárias para desenvolver suas funções — e não o contrário. ==Essa mudança de mentalidade faz com que a relação entre a organização e o indivíduo seja recíproca.== É uma relação de ganha-ganha. As empresas com impulso milionário não apenas geram lucros, mas também devem criar prosperidade e qualidade de vida para cada um de seus colaboradores.

> DIGA-ME QUANTO CONTROLE COLABORATIVO VOCÊ PRATICA, E EU LHE DIREI ATÉ ONDE VOCÊ IRÁ.

UMA MUDANÇA DE VISÃO

O descontentamento no trabalho costuma vir acompanhado de consequências indesejáveis, como alta rotatividade e apatia das pessoas. Isso, obviamente, tem impacto na produtividade de qualquer organização. Existem muitos motivos pelos quais as pessoas se sentem insatisfeitas, mas um dos mais comuns tem a ver com a imposição. A mentalidade hierárquica está acostumada a subordinar as pessoas. A responsabilidade vem de fora, da pressão e das ordens constantes. A obediência é a regra. Além disso, na velha escola o trabalhador passa muitas horas na empresa. Família, amigos e a própria pessoa permanecem em segundo plano. O tempo é um luxo.

==Hoje em dia, as pessoas não querem mais trabalhar apenas pelo dinheiro.== É claro que ter renda é importante, porque as contas não se pagam sozinhas. Porém, agora se busca qualidade de vida. O trabalho deve ter um efeito positivo na pessoa e no seu ambiente.

Como indivíduos, queremos melhorar e nos sentir realizados. Queremos participar da organização e integrar uma equipe que nos permita desenvolver o nosso potencial. Se gestores e líderes levarem isso em conta e inflamarem a alma de seus colaboradores, eles estarão no caminho certo para alcançar vitórias futuras. Se também incentivarem a inovação interna e o empreendedorismo, as possibilidades tornam-se extraordinárias.

==Focar na qualidade de vida dos colaboradores é uma injeção de vitamina para a organização.== Ao apostar no bem-estar das pessoas, você abre caminho para que a inovação floresça – e esta é uma das principais fontes de abundância na nova era. Esse foco nas pessoas tem dois benefícios importantes. Por um lado, aproveita o talento do capital humano e, por outro, promove um trabalho inteligente e eficaz.

A satisfação no trabalho faz com que as pessoas se sintam levadas em conta. Isso ajuda os funcionários a ganhar autoconfiança e a querer crescer dentro da organização. Se uma pessoa gosta do seu trabalho, ela não apenas será mais eficiente e produtiva, mas também mais criativa. É nessas condições que a mágica acontece.

Quando damos liberdade e propósito aos nossos funcionários, a mensagem é clara: confiamos em vocês e em suas habilidades. O sinal é que você respeita a identidade delas e os traços que as distinguem, que são o que há de mais valioso. Selecione os talentos individuais, integre-os com os de outros colaboradores e você terá equipes de elite. Esses grupos de alto desempenho são essenciais para gerar novos projetos. Imagine o que podem inovar e melhorar em produtos e serviços, as vendas que alcançarão. É por isso que as empresas mais modernas sempre tentam dar o trabalho certo à pessoa certa. Essa é a mentalidade que norteia suas contratações. Elas não preenchem vagas, mas se certificam de que tenham os talentos necessários para prosperar. Abre-se ainda a oportunidade para profissionais de outras cidades ou países cooperarem remotamente com a organização. ==Trata-se de se nutrir com o que há de melhor, para que, pelo menos em última análise, todos façam parte de uma cultura empresarial positiva que busca o bem comum.== Como você deve ter notado, estou muito entusiasmado com as possibilidades tecnológicas da atualidade. Em grande parte, isso acontece porque as ferramentas atuais criam um ecossistema que fortalece o desempenho. Ou seja, melhoram as condições para gerir melhor o trabalho e o nosso tempo. Esse aspecto é fundamental quando se fala em qualidade de vida. Agendas *on-line*, programas de gerenciamento de projetos, plataformas de colaboração à distância, entre muitas outras aplicações, permitem a realização de nossas tarefas de maneira mais inteligente e eficaz. ==Isso economiza horas, agiliza o trabalho e permite que os funcionários vejam uma melhoria abrangente em sua vida.== Eficiência se traduz em maior autonomia de tempo. É uma oportunidade para que as pessoas passem mais tempo com a família ou façam outras atividades que sejam importantes para elas. A prioridade é ser produtivo, e não apenas cumprir um cronograma.

Um ponto importante é que uma maior liberdade não se traduz em menos responsabilidade. O principal são os resultados. É por isso que se tornará cada vez menos relevante se as pessoas estão num escritório ou sentadas em frente ao computador na sala de estar, num café ao ar livre ou mesmo na praia. O mais importante é a conclusão do trabalho em tempo hábil, pois isso melhora a sua qualidade de vida. Nesta nova realidade econômica, o trabalho remoto é uma tendência, e não uma moda passageira. Este cenário entra em conflito com as crenças e os hábitos de muitas organizações tradicionais. Várias delas se recusam à adaptação, e outras nem sequer percebem o que está acontecendo. A chave para as organizações navegarem com sucesso nessa nova realidade reside no papel dos seus chefes e gestores.

Os líderes que têm impulso milionário conhecem os riscos de não agir, e é por isso que orientam os esforços de suas equipes. São os capitães que traçam o caminho para o futuro.

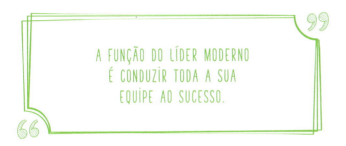

> A FUNÇÃO DO LÍDER MODERNO É CONDUZIR TODA A SUA EQUIPE AO SUCESSO.

LIDERANÇA COLABORATIVA

No capítulo 4, contei sobre o aprendizado que trabalhar com a empresa Zoé Water me proporcionou. Participar de sua ação inspirou parte da minha visão sobre organizações colaborativas. Fiquei impressionado com a rapidez com que tomavam decisões e a fluidez na comunicação. Percebi que eles foram rápidos em responder às minhas perguntas e em desbloquear processos interrompidos. Os responsáveis poderiam estar na Colômbia ou na Argentina, mas a dinâmica nunca parou. Um computador ou um telefone bastavam para realizar o trabalho. A empresa refletia a capacidade dos seus colaboradores, mas também a visão empresarial de seus fundadores e líderes. Não é por acaso que a empresa vem crescendo no mercado de água envasada e é reconhecida como um ótimo lugar para trabalhar. Seus gestores são da nova geração, embora eu sempre tenha cuidado com essa observação: não me refiro à idade, mas sim à atitude. O líder da nova era reconhece o cenário atual e busca inspirar e orientar sua equipe para responder às demandas atuais. Esse é um facilitador que conecta a organização e seus colaboradores com o resto do mundo.

Como consultor, tenho visto vários empresários e gestores que resistem às mudanças. Eles preferem negar os fatos ou achar que essa nova realidade demorará para acontecer. Justificam sua falta de dinamismo com argumentos da velha escola hierárquica. ==Mas virar as costas para a onda não impedirá que ela o engula. Ao contrário, ela só leva junto aqueles que não enxergam a maré tecnológica e econômica.== Infelizmente, muitas organizações demoram a reagir e só respondem quando é tarde demais. Por outro lado, os líderes da nova geração entendem que o medo do desconhecido é uma resposta natural, mas também sabem que a melhor forma de superá-lo é adaptando-se às novas circunstâncias. Só assim poderão propor soluções que beneficiem a organização e seus colaboradores. Seu impulso milionário os leva a cuidar igualmente dos lucros e dos seus colaboradores. O novo líder não é aquele que comanda, mas aquele que organiza. É claro que para os líderes tradicionais essa visão está errada. Eles estão acostumados a dar ordens e a impor. Relacionam poder com força, não com capacidade de influência, orientação ou empatia para com suas equipes. A diferença entre as duas visões é um abismo. Na nova escola, o líder participa do desenvolvimento dos projetos e de seus colaboradores. Isso não significa que ele faça o trabalho da sua equipe, mas que é um facilitador, um guia. Pense no maestro de uma orquestra. Você não o vê tomando o lugar dos outros músicos. Sua função é coordenar o som dos instrumentos durante o concerto. E, embora o gesto das mãos e dos braços seja o que mais chama a atenção durante uma apresentação, sua principal tarefa ocorre antes de chegar ao palco. Seu trabalho principal é realizado nos ensaios. Em suma, o maestro prepara o grupo para que a música seja a atração principal. Caso haja divergências entre os músicos, seu papel inclui

O LÍDER DA NOVA ERA BUSCA INSPIRAR E ORIENTAR SUA EQUIPE.

resolvê-las para que as disputas não interfiram na harmonia do grupo. Imagine o que significa coordenar o som de dezenas de instrumentos tocando ao mesmo tempo. Sem comunicação e compreensão adequadas, a afinação seria um desastre, e o público notaria. Você acha que o papel dos líderes nas organizações é diferente?

Assim como o maestro de uma orquestra, o líder deve contribuir para desenvolver os talentos dos seus colaboradores e alinhá-los ao propósito e aos valores da organização. Seu papel é essencial para que todos alcancem resultados de qualidade. Já vai longe o tempo do líder individualista que apenas procurava alcançar seus objetivos. Se não ajuda os membros da sua equipe a também alcançar os deles, então há uma lacuna em seu trabalho como guia. No final, isso se traduz em benefícios econômicos para a empresa, mas também num ambiente produtivo e de crescimento para as pessoas. O trabalho se torna uma experiência nutritiva que combina desenvolvimento pessoal com paz mental, emocional e financeira. Algo a que, sem dúvida, as organizações modernas deveriam aspirar. Quando digo que o líder é um guia, penso na importância do seu papel no desenvolvimento dos seus colaboradores. Ele conhece cada membro de

==sua equipe, e isso não se limita a saber seus nomes, mas implica a capacidade de verdadeiramente observá-los e ouvi-los.== Estou falando sobre identificar seus talentos e pontos fortes para colocá-los nas posições corretas ou em cenários nos quais possam ter melhor desempenho. Daí o impacto de bons líderes dentro e fora da organização.

A seguir, compartilho três das principais características que distinguem o líder colaborativo:

- **Fortalece a cultura da organização.** Um dos aspectos mais importantes de qualquer empresa, companhia ou instituição é a sua cultura interna. Ela é a musculatura que dá força e caráter à sua estrutura. O líder sabe que essa variável tem grande influência e pode transformar o comportamento dos seus colaboradores, por isso desenha uma cultura de crescimento. Dessa forma, cada membro da equipe se torna um líder em potencial. Essas estratégias de desenvolvimento conferem à organização uma vantagem competitiva, uma vez que têm um pé no presente e outro no futuro.

- **Cria um senso de pertencimento.** O vínculo entre os colaboradores e a empresa é fundamental. Por isso, o líder colaborativo influencia organicamente para que essa relação aconteça, mas sem impô-la. Além disso, ele cuida para que não haja fatores que prejudiquem essa união, como uma comunicação viciada ou condutas que contaminem ou promovam desconfiança. É assim que o colaborador demonstra uma atitude positiva, identificando-se com os valores e a cultura da organização, e isso desperta o seu desejo de participar dela. Esse vínculo é a base do compromisso e da cooperação que leva à abundância partilhada.

- **Busca o desenvolvimento interno.** Um bom líder conhece os objetivos dos seus colaboradores e tem interesse genuíno em garantir que eles sejam alcançados. Seu objetivo é que as pessoas alcancem suas metas profissionais, econômicas e pessoais dentro da organização. Essa qualidade, aliada à comunicação próxima que estabelece com a sua equipe, fazem dele um mentor. Se houver problemas de baixo desempenho ou motivação, ele procura resolvê-los com treinamento e apoio. Essa forma de se comportar aumenta a produtividade, a confiança, as vendas e favorece o ambiente organizacional. Seu legado geralmente inclui planos de desenvolvimento e treinamento contínuo, além de incentivos para bons resultados.

Para mim, a essência de uma boa liderança reside em colocar as pessoas em primeiro lugar. Ou seja, o bem-estar e o crescimento das pessoas não são sacrificados para proteger os interesses da empresa. Liderança tem a ver com impactar corações. No dia em que as organizações entenderem isso, economizarão milhões de dólares.

UMA CULTURA DE DESCONFIANÇA E DE COMUNICAÇÃO TÓXICA PREJUDICA QUALQUER ORGANIZAÇÃO QUE TENHA ASPIRAÇÕES MILIONÁRIAS.

GERANDO UM NOVO IMPULSO

Responda às seguintes perguntas. É muito importante que você reflita sobre como melhorar a dinâmica da sua organização, quer você tenha pessoas sob sua supervisão ou faça parte de uma equipe.

1. Quais áreas da sua organização você identifica que poderiam ser mais enxutas? Quais processos você melhoraria e quais ferramentas tecnológicas usaria?

2. Quais medidas você colocaria em prática (ou proporia) para capacitar sua equipe de trabalho e torná-la mais produtiva e feliz?

3. Descreva três ações que você promoveria junto à sua equipe para melhorar seu desempenho e sua qualidade de vida. Ou crie três propostas que gostaria de apresentar ao seu chefe para fazer parte de uma equipe de alto desempenho.

UM SEGREDO QUE TE IMPULSIONA

A GESTÃO BASEADA EM RESULTADOS PERMITE QUE VOCÊ E A ORGANIZAÇÃO ATUEM SEM PERDER DE VISTA OS OBJETIVOS E OS PROCESSOS NECESSÁRIOS PARA ALCANÇÁ-LOS. PARA COLOCAR ESSE MÉTODO EM PRÁTICA, VOCÊ DEVE DEFINIR UM PLANO GERAL E SEUS OBJETIVOS, ATRIBUIR ATIVIDADES CLARAS E CONCRETAS, ESTABELECER CRONOGRAMAS E DATAS DE CONCLUSÃO, FAZER UMA LISTA DOS RECURSOS QUE SERÃO UTILIZADOS E, POR FIM, AVALIAR E MONITORAR O PROCESSO. NÃO SE ESQUEÇA DE ENVOLVER TODAS AS EQUIPES QUE FAZEM PARTE DO SEU PLANO. TAMBÉM É IMPORTANTE COMUNICAR OS BENEFÍCIOS E O CRESCIMENTO PESSOAL ESPERADOS. PARA REFORÇAR ESSE PONTO, É ACONSELHÁVEL DESENVOLVER UM PROGRAMA DE RECOMPENSAS DE ACORDO COM OS RESULTADOS OBTIDOS. ESSA MEDIDA SERÁ AINDA MAIS PODEROSA SE FOR ACOMPANHADA DE UM SISTEMA DE MELHORIA CONTÍNUA. PARA QUE OS FRUTOS SEJAM IRRETOCÁVEIS, É FUNDAMENTAL QUE TODA A ORGANIZAÇÃO SEJA APOIADORA DAS MUDANÇAS E DA BOA GESTÃO.

RESUMO MILIONÁRIO

ORGANIZAÇÃO HIERÁRQUICA

- Burocracia.
- Ações e decisões lentas.
- Produtividade baixa.
- Resistência à mudança.
- Vícios na comunicação.
- Tem funcionários.

ORGANIZAÇÃO COLABORATIVA

- Tem colaboradores.
- Qualidade de vida para o capital humano.
- Informações inteligentes e melhores decisões.
- Procura o bem-estar comum.
- Dá liberdade e confiança.
- É dinâmica.
- Aproveita a tecnologia.
- Conta com equipamentos de alto desempenho:
    * Respostas ágeis.
    * Empreendedorismo e inovação interna.
    * Eles se autorregulam.
    * Eles desenvolvem seu talento.
    * Estão interconectados.

LÍDER COLABORATIVO

- É um facilitador do crescimento.
- É um mentor ou um guia.
- Fortalece a cultura da organização.
- Busca o desenvolvimento de sua equipe e seus colaboradores.
- Cria um senso de pertencimento.

CAPÍTULO 7

ENVOLVA-SE EM SEU APRENDIZADO E DECOLE

UMA HISTÓRIA COM IMPULSO

Ainda me lembro de como foi difícil estudar para a prova final de Química. Já passava da meia-noite, e eu ainda não entendia a matéria para a prova da manhã seguinte. Era a minha última chance de passar na matéria. Minhas mãos suavam enquanto eu tentava entender fórmulas e conceitos. Para piorar a situação, a energia foi desligada devido a uma forte tempestade na cidade. Parecia que tudo conspirava contra mim, e a verdade é que acabei dormindo muito pouco. Eu me sentia sobrecarregado, não parava de pensar no investimento que fora feito em casa para que eu pudesse estudar. Era o mínimo que se esperava de mim: eu tinha de ir para a escola, tirar boas notas, conseguir um diploma universitário e depois encontrar um emprego que pagasse bem. Essa era a receita para a felicidade. Bem, digamos que cresci ouvindo isso. Era tudo o que eu ouvia aonde quer que eu fosse. Na manhã do exame eu me sentei no último banco do fundo da sala, como se quisesse passar despercebido. Estava com medo. Sentia que meu destino estava em jogo. Então, um milagre aconteceu. Inesperadamente, ouvi a professora mencionar meu nome. Olhei para cima e ela disse: "Venha cá, quero falar com você um minuto". Fui até a sua mesa, fiquei imóvel e seu olhar encontrou o meu. De repente, ela deixou escapar a pergunta que mudou toda a minha perspectiva: "É verdade que você vai estudar Administração?". Minha expressão mudou: "Sim, é uma coisa que eu amo. E eu gostaria muito de ser consultor. Química é difícil para mim, não gosto e não sou bom nisso". Com um gesto de grande empatia, ela me disse que não me preocupasse. E me garantiu que em suas anotações levaria em conta que sua matéria não era relevante para o que eu queria estudar. ==Ela entendia perfeitamente que muitas vezes as disciplinas do colégio não coincidiam com os currículos de graduação universitários.== Quando terminei a prova e entreguei a ela, ouvi: "Não se preocupe. Vá em frente e torne-se o melhor administrador ou consultor de negócios". Ela me aconselhou a sempre buscar aprender por conta própria, pois isso me levaria a me destacar em tudo o que eu decidisse. Até hoje não me esqueço de suas palavras. Quando os resultados foram publicados, vi que, de fato, eu tinha passado no exame com a nota mínima. Foi um grande alívio. Eu não teria que fazer aquela matéria novamente, o que me permitiria focar no que realmente me fazia feliz.

Quando me lembro daquele episódio da minha vida, penso que a professora compreendeu perfeitamente o atraso do sistema educacional, que não promove os dons e talentos naturais dos alunos. Ela sabia que sua matéria não correspondia aos meus interesses e que isso poderia se tornar um obstáculo no meu crescimento pessoal e profissional. Além da empatia, seu conselho final me incentivou a colocar em prática um hábito que continuo a seguir: aprender sozinho.

Resolvi compartilhar com você minha experiência e me aprofundar no tema do aprendizado autodidata porque considero que é uma necessidade do ser humano neste século. Nossa visão do conhecimento deve se adaptar aos novos tempos. É essencial criar uma cultura de aprendizagem contínua e promover a investigação autônoma. A memorização escolar é insuficiente, pois faz com que a informação seja esquecida após o exame, por não ser significativa. É por isso que afirmo que, ==se além da educação escolar aprendermos sozinhos tudo o que nos encanta, seremos pessoas muito mais felizes e saberemos gerar a nossa própria riqueza.==
No meu caso, ser autodidata me ajudou a avançar mais rapidamente em nosso sistema econômico. Adquiri conhecimentos que me fortaleceram como consultor e ampliaram meu olhar profissional. Além disso, confesso que, durante o processo, aprendi a simplificar os conhecimentos que adquiri por meio diagramas e mapas mentais. Isso me deu base para captar as ideias de forma mais prática na minha *fanpage* **"Mente milionária & Pense como um rico"**, bem como no livro *Mente milionária* e neste que você tem em mãos. Considere este capítulo como um convite para gerenciar seu próprio conhecimento. Muitas pessoas me perguntam por que não alcançam resultados. Minha resposta é simples – elas não avançam porque falta um ingrediente importante: continuar aprendendo sobre o que os apaixona.

Devemos ir além do que nos ensinam na escola, mesmo que nosso aprendizado venha acompanhado de diplomas universitários. ==Podemos complementar nosso desenvolvimento pessoal e gerar uma vantagem competitiva se estivermos determinados a tornar a aprendizagem uma parte importante de nossa vida.==
Compartilho com você algumas perguntas para ajudá-lo a refletir sobre seus hábitos de aprendizagem e seus conhecimentos antes de se aprofundar no tema: O que você faz no seu tempo livre? Quais livros você tem em casa e qual leitura você seleciona (revistas, jornais, portais de notícias etc.)? O que você ouve durante o dia? Você segue algum método para gerenciar seu tempo? Agora, vamos dar o próximo passo para cultivar o seu impulso milionário.

> COMPROMETA-SE A ENRIQUECER SUAS HABILIDADES E SEUS CONHECIMENTOS.

APRENDENDO COM O FUTURO

Talvez você tenha ouvido notícias ou lido algo sobre os problemas que as empresas vêm enfrentando para encontrar candidatos com competências e habilidades de que necessitam. Você já se perguntou por quê? Em suma, deve-se à diferença entre os sistemas educativo e econômico. Nossas escolas foram projetadas para a Era Industrial. Foram pensadas para disciplinar o trabalho em fábricas e escritórios seguindo o modelo hierárquico. A obediência e a memória foram recompensadas, porque era disso que a época precisava. Mas tenho uma novidade para você: estamos na era tecnológica, e os princípios do passado já não respondem aos desafios do futuro.

Antes, não importava se as disciplinas correspondiam aos interesses e aos talentos do aluno. ==O importante era finalizar o programa, mesmo que a longo prazo isso significasse ignorar os dons naturais do aluno e frustrar a sua curiosidade.== Eu me lembro de quando entrei no ensino médio e fui designado para a Oficina de Eletrônica. Para ser sincero, eu não tinha capacidade nem motivação para estar lá. Mas era o que cabia ao meu grupo, e, portanto, tive que aceitar isso. O professor era muito bom e sabia muito sobre o assunto. No entanto, vários colegas e eu ficávamos entediados, desanimados e irritados. O que teria acontecido se estudantes apaixonados por eletrônica tivessem sido escolhidos em vez de nós? Imagine a quantidade de conhecimento e habilidades que eles teriam desenvolvido! ==O sistema atual não foi concebido para aproveitar o talento das crianças e dos jovens, apesar de a busca pelo sucesso começar a ser cultivada desde a infância.== Tudo começa quando ensinamos as crianças a encontrar os seus ideais e as encorajamos a aprender seguindo a sua própria inquietude. Mas, se os fundamentos forem inadequados, é óbvio que o cenário se complicará mais tarde. Diante desse panorama, os atores desta nova economia necessitam de outras competências e conhecimentos que devemos desenvolver por conta própria.

Não se trata de virar as costas à escola ou à universidade, pois a educação formal ainda é valiosa. É verdade que em outra época o que se aprendia em sala de aula bastava para conseguir um emprego e crescer profissionalmente. Por conta dessa situação, muitas pessoas não voltam a abrir um livro e perdem o hábito de estudar assim que se formam. Mas hoje as condições são diferentes, e o conhecimento avança de maneira extremamente rápida.

OS PRINCÍPIOS DO PASSADO JÁ NÃO RESPONDEM AOS DESAFIOS DO FUTURO.

NÃO SE TRATA DE VIRAR AS COSTAS À ESCOLA OU À UNIVERSIDADE, POIS A EDUCAÇÃO FORMAL AINDA É VALIOSA.

Isso fez com que a relação custo-benefício dos estudos mudasse. A realidade é que graduações e diplomas não garantem mais uma vaga no sistema. E não digo isso para causar desânimo, mas para nos impulsionar e nos fazer enxergar as possibilidades. Lembrem-se de que uma pessoa com impulso milionário encontra portas onde outros veem paredes. Daí a minha insistência para que o conhecimento seja a sua bússola e o estudo por conta própria sempre o acompanhe. As pessoas com impulso milionário reconhecem a importância de ser autodidata para prosperar.
Nos dois capítulos anteriores, falei sobre as possibilidades tecnológicas que podem catapultar o crescimento individual e o da organização. Agora, proponho a exploração dos benefícios da tecnologia para impulsionar o seu aprendizado.
A internet é um paraíso para os autodidatas. Ali encontramos de tudo, desde *sites* de referência e bibliotecas *on-line* até páginas com planos de estudo bem estruturados. Muitas plataformas de *e-learning* são gratuitas, e outras têm preços bastante acessíveis. A oferta é enorme e abrange profissões, línguas, finanças, ciências e muitos outros assuntos. Claro, há também conferências, palestras e tutoriais em vídeo que complementam

o estudo tradicional. O fato de esses materiais estarem disponíveis a qualquer momento dá flexibilidade aos alunos que moram mais longe ou precisam trabalhar. Essas vantagens permitem uma melhor gestão de horários e ainda geram grande economia em transportes, refeições e outras despesas. O dinamismo e a praticidade têm feito com que cada vez mais pessoas optem por essas alternativas pouco convencionais. ==As novas salas de aula são abertas. Além do mais, ouso dizer que elas estão onde você quiser estudar.== Está claro que a educação nesta nova era está cheia de possibilidades, mas também de desafios. Para muitos, o principal desafio é ser capaz de gerir de maneira autônoma sua própria aprendizagem. Saber organizar nossos interesses e administrar o tempo não são tarefas simples. Mas não se preocupe: nas páginas seguintes compartilharei estratégias e dicas que o ajudarão a dar o salto para que estudar por conta própria se torne seu novo estilo de vida.

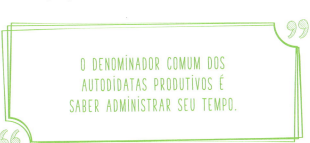

O DENOMINADOR COMUM DOS AUTODIDATAS PRODUTIVOS É SABER ADMINISTRAR SEU TEMPO.

COMECE SE CONHECENDO

Você pode estar se perguntando se esse negócio de ser autodidata vai beneficiá-lo em seu caminho para realizar seus sonhos. Para tirar essa dúvida, quero falar de Leonel Virosta, um jovem espanhol que se destaca pelos vídeos em que explica temas de biologia por meio de gráficos e animações. Desde os dez anos, sua educação fugiu dos moldes convencionais, pois ele passou a estudar em casa, com resultados muito bons. Seu interesse pela ciência também vinha desde a infância. Ele era apaixonado por experimentar, pesquisar e compartilhar o que aprendia. Quando adolescente, começou a se perguntar se haveria formas mais interessantes de aprendizado. Estava convencido de que os métodos tradicionais poderiam ser melhorados se fossem imaginadas soluções mais instigantes. Ele próprio aprendeu matemática e outras matérias assistindo a vídeos, e então decidiu abrir seu canal no YouTube: "Flip Your Learning". Ele não queria repetir as fórmulas dos livros didáticos, mas sim explicar da maneira como um aluno ensinaria a outro aluno. E, embora Leonel tivesse poucos recursos disponíveis, ele dispunha de duas ferramentas poderosas: uma grande curiosidade e toda a sua criatividade. E sua ideia foi um sucesso. Hoje, seu

CANAL TEM MAIS DE 60 MIL ASSINANTES E SEUS VÍDEOS, MAIS DE 4 MILHÕES DE VISUALIZAÇÕES. ALÉM DISSO, COMEÇOU A RECEBER COMENTÁRIOS DE OUTROS ALUNOS E DE PROFESSORES AGRADECENDO OS CONTEÚDOS COMPARTILHADOS.

Aos dezoito anos ele estava determinado a tornar-se cientista, mas a universidade espanhola à qual se candidatou o rejeitou porque ele não tinha estudado no sistema educativo tradicional. Em vez disso, o British Council lhe concedeu uma bolsa para estudar Biologia na Universidade de Manchester, no Reino Unido. A história de Leonel é um exemplo claro de um autodidata criativo que aproveitou seus interesses e suas paixões para abrir seu próprio caminho. Lembre-se de que uma das vantagens do autodidatismo é que ele permite visualizar e criar suas próprias oportunidades. ==O autodidata participa ativamente do sistema e não espera que as situações funcionem a seu favor. Ele também não precisa de um diploma para ter sucesso, mas se tiver um o levará a um novo patamar.== A curiosidade lhe permite que aproveite os conhecimentos que o sistema educativo proporciona e o enriquece com seus próprios interesses, pesquisas e descobertas. Simplificando, o autodidata não se acomoda. Algo importante, que vou aprofundar mais adiante, é que o autodidata busca sistematizar o seu aprendizado. Quer dizer, ele planeja, organiza e dirige seus estudos. Bons hábitos e disciplina são seus pilares.

No mundo exterior, o autodidata é alguém que busca colaborar com outras pessoas para que juntos se tornem mais fortes. Ele compartilha conhecimento, dicas, ferramentas e outros recursos que beneficiam outras pessoas. Na vida privada, é uma pessoa que lê constantemente, se questiona, busca se renovar e deixa o ego de lado para manter a mente aberta. Para ele, é fundamental ouvir outras opiniões e ideias porque tem interesse em ampliar o que sabe e em obter outros pontos de vista. Ele busca ter conhecimento, não razão.

Os autodidatas da nova era sabem que seu principal patrimônio são eles mesmos. Se as pessoas não se conhecem, o caminho para o sucesso é tortuoso. É como passar por uma casa toda mobiliada com os olhos vendados. Quantos tropeços e quedas seriam evitados se pudéssemos remover a venda? Portanto, a missão inicial é aprender a ouvir a si mesmo, reconhecer seus interesses, identificar aquilo que o apaixona e distinguir suas preocupações. Ou seja, saber quem você é e o que deseja. Esse é o ponto de partida. Quando você tiver certeza disso, poderá determinar com maior facilidade aonde deseja ir ou o que deseja alcançar. O aprendizado será então uma ferramenta valiosa que facilitará o seu caminho e o seu propósito de vida.

O AUTODIDATA PROCURA SABER, NÃO TER RAZÃO.

==Quanto melhor você se conhecer, sua capacidade de alinhar seu aprendizado com seus dons e talentos naturais aumentará.== Isso permitirá que você encontre seu lugar no sistema e favorecerá seu crescimento. É claro que não quero que você retorne às suas ideias preconcebidas e se resigne a desempenhar um papel passivo na sociedade. Isso não é para você. Percebi que muitos profissionais e trabalhadores se sentem deslocados quando não gostam do que fazem. Isso os deixa irritados e frustrados. Por outro lado, quando você se conhece, identifica quanto é compatível com o seu ambiente e se sente parte dele. Você se torna um jogador do sistema com um propósito claro. **A aprendizagem, então, se torna uma maneira de fortalecer seu estilo de vida e gerar a abundância que você procura.** Conhecer a si mesmo não se limita aos autodidatas, mas sim a qualquer pessoa que queira encontrar o que a faz sentir-se feliz, realizada e plena. Pode ser o emprego dos sonhos, um parceiro, um projeto criativo ou qualquer coisa pela qual você seja apaixonado. O importante é que você reflita e encontre as respostas que o guiam e dão sentido à sua existência.

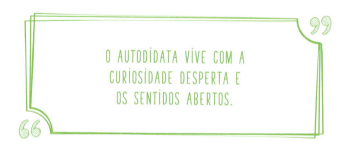

O AUTODIDATA VIVE COM A CURIOSIDADE DESPERTA E OS SENTIDOS ABERTOS.

DESAFIOS E HÁBITOS DO AUTODIDATA

O RECURSO MAIS VALIOSO DE UM AUTODIDATA É O TEMPO. PODE PARECER ÓBVIO, MAS ADMINISTRÁ-LO EXIGE UM DOMÍNIO QUE POUCOS TÊM. O SEU VALOR RESIDE NO FATO DE SER A BASE PARA A ORGANIZAÇÃO DE SUAS ATIVIDADES, INCLUINDO AS HORAS QUE DEDICA À SUA APRENDIZAGEM. É POR ISSO QUE A ORGANIZAÇÃO É ESSENCIAL.

Uma primeira medida que você pode tomar é fazer planos de estudo semanais ou diários nos quais você determina quais tópicos vai investigar. Atenha-se a eles tanto quanto possível. Isso permitirá que você acompanhe o seu progresso, anote novas preocupações e avalie seus resultados. ==Não reclame por não ter tempo; em vez disso, busque soluções.== Você é responsável por dar a si mesmo os espaços de que precisa e respeitá-los. Por isso, é importante que não passe o dia resolvendo problemas, não adie as leituras nem passe mais tempo ao telefone do que estudando. Lute contra esses inimigos consumidores do tempo com disciplina. Algo que facilita muito o gerenciamento do seu aprendizado é a atribuição de horários. Isso o ajudará a delimitar suas atividades para que você não tenha desculpas. Você pode até usar os alarmes do seu telefone para avisar que é hora de abrir um livro ou de fazer alguma pesquisa na internet. Não pare de avançar!

Outro desafio importante é estar aberto à renovação. Há pessoas que acreditam saber tudo sobre o seu assunto ou sua área profissional. Elas acham que sua experiência, suas preferências e leituras são suficientes para responder a qualquer situação. Sem perceberem, constroem um muro entre si mesmas e o ambiente ao seu redor. Cuidado para não cair nessa atitude, porque é prejudicial para quem tem vontade verdadeira de aprender. Considere que o conhecimento na época atual se transforma em grande velocidade. As inovações acontecem rapidamente, e, se você se contenta com o que já sabe, logo perderá a vantagem competitiva que a atualização lhe proporciona. O segredo é ter disciplina para obter informações de fontes confiáveis e relacionadas à sua área.

Relacionado com o exposto, um dos principais desafios da era digital é saber discernir e manusear a informação. Existem oceanos de dados ao nosso alcance, e nem todos são confiáveis. Então, como você pode se orientar? Comece pelo lado prático. Pergunte a si mesmo o que você está procurando e por quê. Em seguida, reflita sobre como planeja aplicar esse conhecimento. Isso lhe dará um guia para identificar conteúdo confiável e útil. Um segundo aspecto a considerar é o valor das fontes de informação que você consulta. Quero dizer, se são seguras e se têm prestígio. Por exemplo, pesquisar em um *site* de deveres de casa não é o mesmo que obter informações em um *site* confiável sobre negócios e finanças. O autodidata se exercita para avaliar o que vê, ouve e lê. Você sabe que nem tudo o que circula na internet é verdadeiro ou verificado. A chave é treinar seu radar para distinguir conteúdo falso de conteúdo real, assim como os valiosos dos inúteis.

Um terceiro desafio é como você consolida as informações, ou seja, como se apropria delas para enriquecer seus talentos e fortalecer seu propósito de vida. No meu caso, você já sabe que utilizo diagramas e mapas mentais para ter certeza de que entendi um assunto. Para outros, é útil criar resumos, fazer perguntas ou colocar em prática o que aprenderam. O importante é que o material que você estudou passe a fazer parte de você e lhe dê

> UM DOS PRINCIPAIS DESAFIOS DA ERA DIGITAL É SABER DISCERNIR E MANUSEAR A INFORMAÇÃO.

ferramentas para encontrar soluções que agreguem valor às pessoas.

Outra forma de incorporar o conhecimento é se aprofundar nos seus temas de interesse. A curiosidade é uma força motriz que leva você a investigar mais para atualizar o que você já sabe, bem como impulsioná-lo para novos horizontes.

Por último, compartilhe o que você sabe. É um dos melhores métodos para reter informações. A internet nos dá oportunidade de aderir a comunidades que correspondem a nossos interesses e nossas preocupações. Encontre fóruns, plataformas e *chats* onde você pode trocar opiniões, pontos de vista e dados. Os próprios usuários fornecerão *feedback* valioso e o melhor é que você não se limite ao nível local, mas receba opiniões de pessoas de outros países.

Os desafios nos mostram os obstáculos que devem ser superados ao longo do caminho ou os aspectos aos quais devemos prestar mais atenção. ==Os hábitos, por outro lado, são os comportamentos do dia a dia que nos levarão a superar esses desafios.== Se você encontrar aqueles que mais se adéquam à sua forma de aprender, garanto que seu desempenho vai decolar. Compartilho com você cinco hábitos que considero valiosos para o fortalecimento do processo de autoaprendizagem. Claro, são apenas sugestões. O importante é que você aperfeiçoe o seu método com base na sua experiência.

1. **Sintetize o que você aprendeu.** Explique resumidamente o conhecimento que você está adquirindo. Se sentir que está claro, você poderá ensiná-lo a qualquer pessoa. Outro exercício útil é pensar em como você explicaria o assunto a uma criança. ==Isso o forçará a encontrar o cerne da informação e a usar uma linguagem clara, simples e direta.==

2. **Aumente a constância.** Trata-se de o seu esforço atual superar o anterior. Se hoje você deu um passo, amanhã dê dois. O objetivo é trabalhar a sua perseverança. Dessa maneira, você somará pequenas vitórias que, com o tempo, produzirão grandes resultados. Não pense que vai terminar uma maratona no mês que vem se você não estiver treinando há anos. Um passo de cada vez.

3. **Melhore continuamente.** Comprometa-se a enriquecer suas habilidades e seus

conhecimentos. Coloque-os à prova na sua vida profissional, nas tarefas diárias, nos projetos como empreendedor, nos seus desafios como empresário ou nas suas tarefas como funcionário. Cada aprendizado deve ajudá-lo a ser mais produtivo e a atingir seus objetivos com maior eficiência.

4. **Conclua suas tarefas.** Esse hábito é uma arte. Exige que você distribua adequadamente suas atividades para que não fiquem incompletas. Obrigações diárias e imprevistos às vezes nos impedem de dedicar o tempo que desejamos aos nossos projetos de aprendizagem. Mas isso não significa que você deva abandoná-los. Atribua horários ou ajuste o seu tempo para não perder a continuidade.

5. **Cuide da sua saúde.** Pode parecer que esse hábito não tem relação com os anteriores, mas na realidade ele é essencial. ==Para aprender com maior facilidade, você precisa se cuidar.== Descanso, boa alimentação e atividade física são os pilares que sustentarão o seu desempenho. Sem eles, você não

terá a energia necessária para se desenvolver. Como disse o médico Robert C. Peale: "A melhor e mais eficiente farmácia está dentro do seu próprio sistema".

A ALFABETIZAÇÃO DIGITAL É A FERRAMENTA MAIS PODEROSA DE UMA PESSOA COM IMPULSO MILIONÁRIO.

APRENDA A APRENDER

"Conte-me e eu me esquecerei, ensine-me e eu me lembrarei, envolva-me e eu aprenderei." Esta frase do cientista e político estadunidense Benjamim Franklin é muito verdadeira. Ao se tornar protagonista do seu próprio aprendizado, você mergulha em todas as etapas do processo e o torna significativo. Você descobre o que deseja e encontra os métodos que lhe são mais úteis. Simplificando, você está aprendendo a aprender. Com isso, quero dizer que tem consciência de como busca e assimila novos conhecimentos, identifica sua forma de pensar e como

GERENCIA SEUS RECURSOS DE APRENDIZAGEM. AO CONTRÁRIO DA EDUCAÇÃO TRADICIONAL, QUE ENSINA OBEDIÊNCIA, ESSA COMPETÊNCIA DA NOVA ERA INCENTIVA O PENSAMENTO CRÍTICO. EM VEZ DE APENAS RECEBER INFORMAÇÕES, VOCÊ AS ANALISA E AVALIA PARA TIRAR SUAS PRÓPRIAS CONCLUSÕES.

Aprender a aprender = ensinar a pensar.

Essa competência de processo autodidata possui diversas características que compartilho com você:

- **Aprender para não se esquecer:** a informação deve ser valiosa e significativa para que se fixe na sua memória. Entre as ferramentas que você pode utilizar para reter melhor o conhecimento estão a compreensão de leitura, associação de ideias a imagens, construção de histórias e criação de mapas mentais.

- **Pensar criticamente:** mais do que uma característica, eu diria que essa é uma atitude perante o processo de aprendizagem. Ela exige que você interprete as informações, esclareça o que não entende, questione o que pesquisou e saiba explicar.

- **Resolver problemas:** consiste em usar o que se aprendeu para encontrar soluções e propor as melhores alternativas. ==Passar da teoria à prática vai ajudá-lo a aprimorar seus conhecimentos e suas habilidades, e também lhe servirá como guia para as áreas que você deve fortalecer.==

- **Conectar-se:** trocar informações e pontos de vista com outras pessoas fortalece o conhecimento e acelera o pensamento. Procure organizar debates com conhecidos, entrar em fóruns ou participar de comunidades de aprendizagem.

- **Ter cidadania global:** ==na economia 2.0, a aprendizagem consciente responde à realidade global e é enriquecida pelo contexto.== O autodidata sabe que pertence a uma realidade local e global ao mesmo tempo.

Por fim, compartilho com você um breve guia de autoaprendizagem que o ajudará a organizar esforço, tempo e recursos em sua trajetória como autodidata.

Começo → Defina sua meta de aprendizagem com base no seu propósito de vida. Apoie-se em perguntas de autoconhecimento (Quem sou eu? O que quero? Para onde quero ir? O que quero aprender?)

Passo 1 → Escolha o tema, o trabalho ou o assunto que lhe interessa. Pode ser uma língua, bases de programação, princípios de administração etc.

Passo 2 → Encontre um local de estudo adequado, onde não haja distrações. Defina horários e faça um calendário de acordo com o seu ritmo de vida.

Passo 3 → Pesquise e reúna todas as informações que encontrar sobre o tema que lhe interessa. Inclua livros, artigos de internet, revistas, documentários, cursos, *workshops* e conferências *on-line*. Você pode até procurar mentores para orientá-lo.

Passo 4  Comece a ler, assistir e ouvir o material que você reuniu. Vá do menos para o mais. Os horários e o calendário serão úteis para você. Não tente consumir todas as informações de uma só vez.

Passo 5  ==Organize as informações. Avalie o que serve e o que não serve para você.== Sintetize o que é mais relevante. É hora de criar resumos, diagramas e mapas mentais.

Passo 6  Coloque em prática o que você aprendeu. Encontre exercícios, discuta e compartilhe seu conhecimento. Isso servirá como revisão e avaliação de novos temas que lhe interessaram ou que você precisa reforçar.

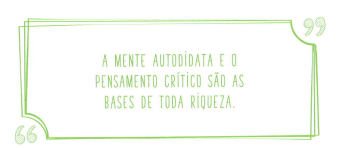

> A MENTE AUTODIDATA E O PENSAMENTO CRÍTICO SÃO AS BASES DE TODA RIQUEZA.

GERANDO UM NOVO IMPULSO

Reflita sobre as seguintes perguntas e as responda em seu caderno.

1. Quais benefícios e quais riscos você encontra nas informações *on-line*?

2. Pesquise a biografia de um autodidata que você admira. Revise quais comportamentos, hábitos e estratégias foram importantes em sua trajetória de crescimento. Analise o que você pode incorporar em seu próprio aprendizado.

3. Faça uma lista de cinco *sites* da internet que você consulta com frequência para se manter atualizado. Por que você considera seu conteúdo útil e confiável? Você conhece alternativas a eles? Faça outra lista com mais cinco páginas que você tem interesse em explorar.

UM SEGREDO QUE TE IMPULSIONA

Saber processar e filtrar informações é uma vantagem competitiva na nova era. Os mapas mentais são excelentes para conseguir isso. Ademais, estimulam a criatividade e reforçam o seu aprendizado. Para fazer um, recomendo que você escreva o conceito sobre o qual vai desenvolver seu pensamento no centro da página. Em seguida, associe outros conceitos ou descrições relacionadas. Por exemplo, se a palavra principal for arquitetura, as palavras secundárias podem incluir estilo, contemporâneo, *design*, escala. Se você acompanhar a palavra com uma imagem, seu cérebro se ativará melhor. Complemente o diagrama anterior com círculos, setas, linhas pontilhadas ou outros elementos para reforçar a ligação entre conceitos que despertam os seus sentidos. Você também pode fazer mapas mentais para organizar seus projetos ou visualizar seu objetivo de crescimento, por exemplo, ao longo de cinco anos.

RESUMO MILIONÁRIO

EDUCAÇÃO DA NOVA ECONOMIA ←---VERSUS---→ **EDUCAÇÃO TRADICIONAL (ESCOLA)**

- Privilegia interesses e talentos.
- Não depende de uma sala de aula.
- Horários flexíveis e menor custo.
- Responde ao modelo colaborativo.

- Recompensa a obediência e a memória.
- Desperdiça talentos naturais.
- Projetada para a Era Industrial.
- Responde ao modelo hierárquico.

O AUTODIDATA

→ Se questiona.
→ Tem a mente aberta.
→ Cria suas oportunidades.
→ Usa a tecnologia para aprender.
→ Sua missão é se conhecer.

DESAFIOS DO AUTODIDATA

- Aprender a aprender.
- Alinhar dons e talentos ao seu aprendizado.
- Ter uma atitude aberta.
- Saber manusear informações.
- Organizar seu estudo e administrar seu tempo.

CAPÍTULO 8

FAÇA O DINHEIRO TRABALHAR PARA VOCÊ

UMA HISTÓRIA COM IMPULSO

Naquela manhã de 2009, eu segui para a entrevista de emprego sem esperar nada de extraordinário. Procuravam alguém para desenvolver o plano de negócios de uma fábrica de painéis solares. Meu trabalho incluiria dirigir a realização do projeto e ser responsável pela execução de trâmites e outros procedimentos perante o governo. A empresa prometia criar empregos e beneficiar economicamente a área. Sem dúvida me interessei pelo caráter inovador do produto, mas o que me marcou pessoalmente foi a entrevista com Gustavo Tomé. Durante a nossa conversa, percebi que estava diante de um empreendedor com uma visão diferente e aguçada sobre o negócio em que atuava.
No decorrer da entrevista, enquanto discutíamos os detalhes do projeto, Gustavo foi interrompido por um telefonema. Por isso, ouvi a troca de informações acontecendo diante de mim. O homem pedia dados precisos, perguntava sobre os ativos de uma certa empresa e outros detalhes contábeis e financeiros. Fiquei surpreso com a grande capacidade de Gustavo de descobrir o que lhe interessava e dar orientações. A ligação foi encerrada e retomamos nosso diálogo. No final, consegui o projeto, mas o que mais me deixou grato foi a oportunidade de continuar trabalhando próximo àquele empresário com quem mais tarde aprenderia outras lições importantes.

Gustavo Tomé tem um ótimo faro para negócios. Naquela época, ele comprava empresas com dificuldades financeiras — ou mesmo falidas —, promovia seu resgate e as colocava saudáveis novamente. Quando o conheci, ele se mantinha discreto, porém era exigente no uso do tempo e tinha uma mentalidade que o levava a realizar mais. Ao longo dos anos, ele se tornou um investidor e atualmente atua na Bolsa de Valores do México, além de ser presidente de vários fundos de investimento, incluindo um truste com foco em desenvolvimento imobiliário. Ouso dizer que ao colaborar com ele aprendi conceitos essenciais sobre o funcionamento das organizações e o valor da construção de sistemas flexíveis para agilizar as operações e facilitar a tomada de decisões.

Gustavo nasceu em Irapuato, no estado central de Guanajuato, no México. Estudou engenharia e ainda adolescente teve que ingressar na empresa têxtil da família, após a morte do pai. Nesse período, o estado vivia uma explosão na indústria de maquiagem. Numa idade em que muitos procuram o seu caminho de vida, Gustavo começou a gerir os negócios que herdou. Alguns ele manteve em operação, e outros ele vendeu para se concentrar no que realmente sabia fazer. Se não tivesse tido um impulso milionário em vez de apostar no crescimento, teria esbanjado a herança que recebeu. Mas, quando temos consciência do que a vida nos dá e assumimos a responsabilidade por isso, buscamos uma maneira de aproveitar a oportunidade para prosperar.

Com o passar do tempo, me tornei testemunha das empresas que Gustavo Tomé conglomerou no parque industrial onde aconteceu nossa entrevista. O empresário aproveitava seu grande instinto para desenvolver empresas que gerassem valor e inovação, como as de alta tecnologia. Ele se mantinha sempre atento ao movimento dos mercados e analisava as novas tendências. De certa forma devo a ele o meu interesse por imóveis, já que isso também fazia parte de sua gama de investimentos. Olhando para ele percebi que, se ele quisesse, poderia ter largado tudo sem maiores preocupações. Gozava de uma independência que muitos sonham, mas poucos sabem como alcançar. Ele tinha liberdade financeira.

Gustavo Tomé é uma grande inspiração para quem tem uma mentalidade milionária, pois produz lucros onde outros só enxergam perdas e problemas. Por isso, insisto que você se prepare, aguce a sua visão e tenha disposição para aprender e agir. A liberdade financeira que acabei de mencionar não precisa ser uma utopia. Com perseverança, visão, trabalho e uma metodologia adequada, podemos juntar as peças de que precisamos para ter a qualidade de vida que buscamos. Então, vá em frente e realize!

SE HOUVER LIBERDADE INTERIOR, HAVERÁ LIBERDADE FINANCEIRA.

LIBERDADE À VISTA

Quando as pessoas não têm qualidade de vida no trabalho, os efeitos são perceptíveis no humor, na saúde física e no desempenho. O bem-estar integral das pessoas é essencial, mas, infelizmente, nem todas as organizações se preocupam em melhorar as condições de trabalho. Longas jornadas pesam na vida dos funcionários. Não é à toa que o estresse é um mal do nosso tempo. Porém, não vou continuar descrevendo situações que você já conhece. Pelo contrário, a minha missão é ajudá-lo a encontrar soluções que tragam a tranquilidade e a abundância que você procura. Minha proposta é que você aprenda a gerar uma renda passiva. Esses serão os pilares da sua liberdade financeira e, por extensão, de melhores condições de vida. É essencial que você pare de trabalhar por dinheiro e faça com que ele trabalhe para você. Você quer saber como?

==Muitos se preocupam com dinheiro, mas poucos se importam em cuidar dele.== Querem ter mais, embora no fundo não saibam como gerá-lo ou o que fazer quando o têm em mãos. Mas o seu impulso milionário permite que você saiba que o dinheiro é uma ferramenta que o ajudará a cumprir o seu propósito de vida. Isso faz parte da abundância, mas não é sinônimo dela. A questão fundamental é: como você quer viver? Quando tiver certeza disso, o próximo passo é estabelecer as bases para que essa vida se torne realidade. O que faremos é garantir que cada nota em suas mãos atraia outras para que todas elas produzam benefícios para você. Essa é uma renda passiva e, por isso mesmo, será a espinha dorsal da sua independência financeira. Além disso, esses pilares funcionam como um sistema e se sustentam ao longo do tempo, o que lhes confere solidez. Parece muito interessante, não acha? Mas, antes de continuarmos, vamos esclarecer três mal-entendidos sobre a liberdade financeira.

1. **Esqueça o trabalho.** Embora a ideia seja aliviar o seu ritmo de vida, isso não significa que você ficará deitado o dia todo sem fazer nada. É verdade que, quando você gera renda suficiente, existe a possibilidade de não trabalhar. Mas, enquanto isso não acontece, você deve concentrar suas energias na construção e no fortalecimento de sua renda passiva. Ninguém nega que o descanso é muito importante, mas é

> O DINHEIRO QUE NÃO É USADO COM SABEDORIA NEM INVESTIDO PERDE VALOR.

igualmente valioso manter-se ativo, dedicar tempo à família e aos amigos, bem como às atividades pelas quais você é apaixonado. Tire da gaveta os projetos que você deixou para depois por falta de oportunidades. Deixe sua marca neste mundo. Uma vida criativa é uma vida mais significativa.

2. **Acumule muito dinheiro debaixo do colchão.** A liberdade financeira não consiste em acumular notas em casa para gastá-las a torto e a direito. O dinheiro que não é usado com sabedoria nem investido perde seu valor. A independência de que falo se baseia na organização de sistemas produtivos que trabalhem a nosso favor. ==Cada moeda deve ser como um ímã que atrai outros para construir uma máquina de abundância.== Por exemplo, se suas despesas mensais são de R$ 20 e você tem uma renda passiva de R$ 80, você usará a diferença em diferentes projetos que continuem a multiplicar o seu dinheiro.

3. **Somente para gênios.** Muitos pensam que a liberdade financeira é apenas para pessoas extraordinárias ou doutoradas em

Economia. Na realidade, qualquer um pode alcançá-la. Quem entende como funciona o dinheiro e sabe mantê-lo no bolso, pode conseguir isso de maneira casual. A chave é criar sistemas que gerem riqueza e a multipliquem. Mas também é essencial não gastar mais do que ganhamos. ==Daí a importância de bons hábitos, disciplina e paciência.== Conheço pessoas com rendimentos extraordinários, mas com pouca saúde financeira, porque esbanjam tudo o que ganham. Portanto, não se trata apenas de quanto dinheiro você produz, mas também de como o administra e o multiplica.

Agora, para lançar a primeira pedra, você deve saber o custo do seu estilo de vida. Precisamos dessas informações para ter certeza de quanto você necessita para cobrir suas despesas e necessidades. Você sabe o número? O orçamento que você criou no segundo capítulo pode servir como guia inicial. Calcule o valor e anote-o em seu caderno.

SE VOCÊ TIVER TEMPO PARA CRESCER, SEU DINHEIRO TAMBÉM CRESCERÁ.

SISTEMAS DE ABUNDÂNCIA

Em cada viagem há sempre duas informações essenciais que devemos conhecer: o ponto de partida e para onde pretendemos ir. Isso nos permite encontrar as melhores rotas para o nosso destino. A liberdade financeira é semelhante. Você deve saber onde está para ter uma ideia de até onde precisa subir rumo ao seu objetivo. Em outras palavras, você precisa saber o fluxo de caixa necessário para cobrir o seu estilo de vida.

Por fluxo de caixa quero dizer o dinheiro que temos imediatamente disponível. Pode estar no seu bolso, na caixa registradora da sua empresa ou na sua conta bancária. Seus princípios se aplicam igualmente a grandes organizações e a pessoas como você e eu.

Por que isso é tão importante na liberdade financeira? Porque o caixa é como o oxigênio de que necessitamos para viver. ==Quanto maior o fluxo, melhor a saúde financeira. Quando não há o suficiente, as empresas vão à falência e as pessoas ficam sem dinheiro para comprar o que precisam.== Por outro lado, quando temos um bom fluxo de caixa e controlamos nossos gastos, ficamos em sintonia com a abundância que buscamos. Daí a sua relação com a liberdade financeira.

Compreendido o que foi dito acima, vamos dar mais um passo. O custo do seu estilo de vida é o seu ponto de partida, e o diagrama que apresento a seguir é um guia que o ajudará a calcular a distância que o separa do seu destino.

Como você certamente imagina, o nível de **sobrevivência** é aquele que apresenta mais desafios a serem superados. As pessoas nessa etapa dependem de um emprego, que é sua única fonte de renda. Em geral, seu salário é baixo e isso as mantém para passar o dia. Qualquer imprevisto atinge fortemente essa economia. Não é incomum que elas tenham que pedir empréstimos para enfrentar suas despesas. A necessidade as obriga a passar muitas horas no local de trabalho e, portanto, perdem qualidade de vida e são presa fácil para o estresse, a depressão, o medo e a frustração.

> **Soluções:** é essencial que você mude o que pensa sobre o dinheiro. Passe de "O sucesso e o dinheiro são para os outros, pois ganho muito pouco" para "O sucesso e o dinheiro têm as portas abertas para mim, pois eu tenho a chave". Nossa maneira de pensar afeta nossa saúde econômica. Faça cursos de crescimento pessoal e de educação financeira e aprenda sobre esses tópicos. No seu tempo livre, procure uma fonte adicional de renda, mas não desista do seu emprego; ainda não é o momento. ==Acima de tudo, evite pegar empréstimos e analise sua forma de gastar.==

A pessoa com **estabilidade condicionada** tem um rendimento melhor, mas seu estilo de vida acaba criando dívidas. A razão é óbvia: ela gasta mais do que ganha. E, como depende de uma única fonte de dinheiro, não tem como compensar gastos excessivos. Não importa se o seu salário é muito bom, o custo do seu estilo de vida enfraquecerá o seu fluxo de caixa. Outro desafio que as pessoas nesse nível enfrentam é que, embora tentem economizar, ainda não têm a organização e a disciplina para atingir seus objetivos.

Soluções: desintoxique seu estilo de vida. Com isso quero dizer que você encaminhará e organizará corretamente o seu dinheiro. Os dois medicamentos que você precisa para curar esse problema são chamados de "orçamento" e "poupança". Sua missão é reduzir despesas desnecessárias. ==Depois de sanar suas finanças, será hora de pensar em um negócio que complemente seu salário.==

O indivíduo no terceiro degrau do sistema goza de **segurança**. Sua situação é mais sólida porque tem duas ou três fontes de renda e sabe administrar suas finanças pessoais. Isso inclui algum capital para investir. Economizar faz parte do seu estilo de vida, e ele baseia suas decisões em um orçamento. Também possui um pequeno fundo para atendimento de emergências, além de alguns seguros contratados. O desenvolvimento pessoal está entre seus hábitos.

Soluções: para migrar para o próximo nível e desfrutar de paz financeira, a chave é desenvolver uma renda mais passiva. Se precisar de mais recursos, procure se alavancar. Isso significa que você consegue empréstimos ou recursos que financiam seus projetos. É a chamada "dívida boa": você pega dinheiro para produzir mais dinheiro. Também é importante que você diversifique seus investimentos, ou seja, não coloque todos os ovos na mesma cesta. Ao distribuir o risco de perder, você protege seus lucros.

Quem chega ao quarto degrau tem a verdadeira **liberdade financeira**. A pessoa que chega a esse patamar gerou renda passiva suficiente para sustentar seu estilo de vida por meio de negócios diversificados e estáveis. Isso permite que ela tenha realização, paz emocional e tempo. Ela, e não o sistema, decide quanto quer ganhar. Além de cuidar do seu presente, protege seu futuro contra eventualidades por meio de um bom seguro e de um fundo de emergência robusto. Esse tipo de medida geralmente permite adiantar a própria aposentadoria. É preciso ter uma mentalidade milionária que não coloca barreiras em seus rendimentos e, por isso, aspira a grandes coisas e as alcança.

Não aprendi essa forma de ver a independência financeira na faculdade, nem nas conversas com família, amigos ou conhecidos. Na realidade, minha explicação é muito simples: "Quanto maior o fluxo de caixa, maior a liberdade financeira". Não parece nada de outro mundo, certo? Então, por que apenas alguns conseguem isso? Porque exige disciplina, visão e saber agregar sistemas de investimento que funcionem para nossas escolhas de vida.

Imagine que existe um rio de abundância ao qual todos recorremos para saciar a sede. Quem está no nível de **sobrevivência** bebe diretamente de suas águas. Se estiver longe e sentir necessidade, precisa ir à fonte, caso contrário continuará com sede. Por outro lado, pessoas com **estabilidade condicionada** levam seu copo ao rio. Elas acham mais fácil beber assim e também podem até levar um pouco de água consigo. O problema é que no caminho eles derramam o líquido, e quando chegam em casa sobrou muito pouco. Enquanto isso, pessoas com **segurança** chegam com baldes maiores, o que lhes permite transportar mais água até o seu destino. ==Como elas sabem administrar e não desperdiçam, evitam ir diariamente estocar, porque têm reservas.== Por fim, as pessoas **financeiramente livres** instalam torneiras e canos que garantem que tenham água quando precisarem. Seguindo esse exemplo, cada cano e cada torneira é uma renda passiva que estimula o fluxo de caixa de que necessitam. Um fluxo de dinheiro pode vir da sua empresa, outro dos imóveis que você aluga e outro da sua loja virtual. Ao compreender esse princípio, você percebe a importância de construir esses sistemas e mantê-los para que os canos não entupam e o dinheiro continue fluindo.

É importante esclarecer que a liberdade de que falo não significa apenas ter uma conta bancária generosa. ==O dinheiro pode ser uma prisão se você não estiver internamente livre.== Pense nas pessoas que possuem casas no exterior e carros de luxo, mas que não passam seu tempo viajando e desfrutando de seus bens com seus entes queridos. Na realidade, são prisioneiras da sua obsessão monetária. Se houver um desequilíbrio interno que retarde sua liberdade e seu bem-estar integral, é importante detectá-lo para corrigir a situação.

> O ÚNICO SEGREDO PARA DESFRUTAR DA LIBERDADE FINANCEIRA É NÃO SE ENDIVIDAR ALÉM DO QUE VOCÊ PODE PAGAR.

PASSOS PARA A LIBERDADE

A liberdade é um dos valores que mais prezo na minha vida. Tenho certeza de que você também. Então, por que a queremos, mas muitas vezes a deixamos escapar? Talvez não seja uma questão de habilidade ou vontade. Talvez exista um hábito ao qual prestamos pouca atenção e que sempre nos trai. Ou pode ser que, em geral, tomemos decisões inteligentes, mas negligenciemos uma área pessoal que desmorona todo o nosso esforço. A questão é que, se não sabemos o que está errado, como vamos nos tratar?

Nossa vida tem diferentes tipos de riqueza. Ao longo do livro, nos concentramos em todas elas porque o seu impulso milionário é essencial. Temos, por exemplo, a saúde física, o uso do nosso tempo, as relações pessoais que cultivamos, o dinheiro que geramos, o equilíbrio interior que nos guia e a mentalidade que nos fortalece. ==Se esses elementos não estiverem em harmonia, nossa prosperidade não terá fundamentos sólidos.== Porém, muitas vezes não enxergamos como eles se conectam até que algo nos afete. Minha proposta é que você aprenda a se diagnosticar e a encontrar seus próprios remédios. Quero que você aproveite 365 dias de abundância por ano e 1.440 minutos por dia de liberdade.

> **FASE 1** **Encontre suas rachaduras internas.** Nessa parte do diagnóstico, examinaremos quais áreas devemos curar ou fortalecer de acordo com os seis tipos de riqueza que nos compõem.

RIQUEZA FÍSICA

Qual é meu estado de saúde atual? Tenho dores? Fico agitado facilmente?
....
....

Estou dormindo bem? Estou dando ao meu corpo os nutrientes de que ele necessita? Eu me exercito?
....
....

Minhas emoções ajudam ou prejudicam meu bem-estar? Como meu corpo reage ao estresse?
....
....

Dica: Faça *check-ups* médicos todo ano, procure orientação nutricional e encontre uma atividade física de que você goste, para que possa ser algo recorrente.

RIQUEZA DO TEMPO

Como organizo o meu dia? Sigo uma agenda para programar minhas atividades?

....

....

A qual atividade dedico mais horas? Equilibro meus espaços para atender às diferentes áreas da minha vida?

....

....

Reclamo que não tenho tempo para fazer tudo o que quero com muita frequência? Eu me deixo levar por tarefas importantes ou imediatas?

....

....

Dica: Monte um plano de tarefas semanal. A ideia é criar rotinas que lhe permitam ser mais produtivo.

RIQUEZA SOCIAL

Como é meu relacionamento atual com minha família e meu companheiro(a)? Como nos comunicamos? Sabemos apoiar uns aos outros e demonstrar carinho?

....
....

Sou hábil em criar e manter amizades? As pessoas me procuram para conversar ou se divertir?

....
....

Eu me preocupo com pessoas ao meu redor e procuro maneiras de ajudá-las? Pertenço a algum grupo ou associação que compartilha dos meus interesses?

....
....

Dica: Desenvolva suas habilidades de escuta. Preste atenção ao que dizem para você, sem pensar no que vai responder. Livre-se do mau hábito de sempre querer estar certo.

RIQUEZA FINANCEIRA

Eu administro o dinheiro ou ele me administra? Gasto mais do que ganho?
....
....

Tenho um orçamento que me permite conhecer e planejar os movimentos do meu dinheiro?
....
....

Tenho economias que me permitirão realizar meus sonhos? Estou preparado financeiramente para alguma eventualidade?
....
....

Dica: Sim, não me canso de repetir que você precisa de um orçamento para pavimentar a sua estrada até a fartura.

RIQUEZA ESPIRITUAL

Quais valores me guiam?
....
....

O que dá sentido à minha vida? Tenho uma missão a cumprir?
....
....

Qual propósito me move? Eu me sinto satisfeito?
....
....

Dica: Passe alguns minutos por dia consigo mesmo. Afaste-se das distrações e procure viver o momento presente. O silêncio nos ajuda a encontrar clareza.

RIQUEZA MENTAL

Com quais pensamentos acordo no início do dia? Levo minhas preocupações para a cama?
....
....

Visualizo meus dias e o que procuro alcançar? Digo a mim mesmo frases que me fortalecem ou me puxam para trás?
....
....

Sou hábil em ver problemas e encontrar soluções?
....
....

Dica: Aprenda a ouvir seus diálogos internos, pois eles vão te dizer muito sobre suas crenças e sua forma de pensar. Modifique-os repetindo frases que o fortaleçam.

FASE 2 **Contrato pessoal.** Qualquer mudança substancial implica, antes de tudo, um compromisso consigo mesmo. Portanto, o próximo passo é colocá-lo por escrito e determinar a que horas você o fará.

EU, ... ,
me comprometo a .... ,
na seguinte data: ....

Assinatura: ....

FASE 3 **Desafio financeiro.** É hora de passar do diagnóstico às soluções. Vamos injetar nutrientes na sua liberdade financeira por meio de desafios que te ativem.

- Desafio você a calcular o custo do seu estilo de vida. Isso lhe dará clareza para os próximos desafios. Exemplo:
  Despesas fixas (aluguel, serviços, mensalidades etc.):
  $ 500
  Despesas variáveis (caprichos, eventualidades etc.):
  $ 350
  Estilo de vida (viagens, roupas, diversão etc.):
  $ 700
  Total: **$ 1.550**

- Desafio você a reduzir o valor total simplificando seus gastos (eliminar tudo o que for desnecessário). Inspire-se com o desafio dos 60% do capítulo 2.

- Desafio você a pensar em outras fontes de renda. Planeje o negócio e execute o projeto. Utilize suas habilidades para monetizá-lo. Use o dinheiro que você economizar cortando despesas para investir em sua renda passiva. O objetivo é que a entrada de dinheiro ultrapasse o total obtido inicialmente.

- Desafio você a fazer com que sua nova renda exceda de três a cinco vezes o total calculado inicialmente. É muito importante que você mantenha o mesmo custo de vida. **Regra:** quanto mais ganho, mais guardo e administro.

O impulso milionário que lhe proponho é uma forma diferente de pensar, agir e decidir. ==Responda às novas regras do sistema e à maneira de ganhar dinheiro e alcançar qualidade de vida. A abundância está ao seu redor, mas primeiro você deve fazê-la existir em sua mente.== Ela começa quando você aprende a criar pensamentos de prosperidade e a tomar decisões visando alcançá-los. A seguir, compartilho um breve guia que o ajudará a organizar as etapas do seu crescimento econômico. O objetivo é que você alcance a independência financeira que merece.

Diagnóstico atual → Saiba onde você está (custo do seu estilo de vida atual), para onde quer ir (metas financeiras) e trace o caminho que seguirá para chegar lá (o que fará, o que precisa ajustar).

Aperte os parafusos → ==Otimize seu fluxo de caixa. A partir de seus cálculos e do orçamento, determine quanto dinheiro você tem disponível.== Existem duas estratégias a seguir: 1) reduzir suas dívidas e 2) otimizar a sua renda.

Combustível financeiro → Trata-se de obter capital produtivo. Sistematize suas economias para investir mais tarde. Não assuma dívidas além de sua capacidade de quitá-las. Comece a diversificar suas fontes de renda e descubra como automatizar a sua renda passiva.

Afie suas ferramentas Desenvolva sua inteligência financeira. Uma maneira de fazer isso é atualizar-se constantemente. Isso o ajudará a avaliar potenciais negócios, riscos e oportunidades, bem como a discernir melhor seus investimentos. Aprenda a gerenciar suas emoções e a aperfeiçoar suas habilidades de venda.

Reinvestir, reinvestir A hora de reinvestir chega quando seu sistema de renda está funcionando e dando resultados. ==Muitas pessoas gastam seus lucros, mas seu dever é reinvestir esse dinheiro no negócio para que a riqueza continue a fluir.==

Liberdade financeira É hora de ter tempo e uma vida com qualidade.

> "TER MUITOS EMPREGOS NÃO É O MESMO QUE TER UMA VARIEDADE DE RENDA PASSIVA TRABALHANDO PARA VOCÊ."

GERANDO UM NOVO IMPULSO

É hora de pegar o seu caderno e responder a algumas perguntas para que o dinheiro trabalhe para você.

1. Do dinheiro que chega às suas mãos, quanto você gasta e para onde ele vai? Quanto você guarda e o que faz com essa economia?

2. Você consegue atingir seus objetivos financeiros com o dinheiro que ganha? Quais ajustes você deve fazer?

3. Faça uma lista de três a cinco projetos de renda passiva que você tem interesse em desenvolver. Inclua o que você precisa para começar, quais são os riscos e os benefícios. Avalie-os do mais ao menos viável.

4. Como você reage ao estresse relacionado ao dinheiro? O que você precisa trabalhar emocionalmente para fazer suas finanças crescerem?

UM SEGREDO QUE TE IMPULSIONA

ANTES DE INICIAR UM NEGÓCIO, É IMPORTANTE AVALIAR O RISCO QUE ISSO ACARRETA. AS SEGUINTES PERGUNTAS SÃO UM EXCELENTE GUIA: QUEM SÃO MEUS CLIENTES? ONDE POSSO ENCONTRÁ-LOS? ESTOU LIDANDO COM UM NEGÓCIO OU UM CAPRICHO? QUAL PROBLEMA MEU NEGÓCIO RESOLVE PARA O CLIENTE? EXISTE MERCADO PARA A MINHA PROPOSTA? O NEGÓCIO QUE TENHO EM MENTE ME DARÁ AUTONOMIA E PODEREI SISTEMATIZÁ-LO? MEUS CUSTOS E PREÇOS DE VENDA SÃO COMPETITIVOS? LEMBRE-SE DE QUE A RENDA PASSIVA EXIGE MUITO ESFORÇO INICIAL, ENTÃO NÃO PULE AS PERGUNTAS ANTERIORES. UM NEGÓCIO NÃO É DINHEIRO DE GRAÇA QUE CAIRÁ DO CÉU PARA VOCÊ. VOCÊ DEVE SEMPRE OFERECER VALOR ÀS PESSOAS. FINALMENTE, PARA ENCONTRAR NOVAS OPORTUNIDADES, ANALISE OS NICHOS QUE ESTÃO SENDO CRIADOS, BEM COMO AS TENDÊNCIAS E OS COMPORTAMENTOS DA SOCIEDADE E DOS CONSUMIDORES. ISSO O AJUDARÁ A ENCONTRAR PROPOSTAS DE VALOR ATRAENTES.

RESUMO MILIONÁRIO

LIBERDADE FINANCEIRA

NÃO É:
- Esquecer-se de trabalhar.
- Dinheiro embaixo do colchão.
- Uma conquista de gênios.

É:
- Renda passiva.
- Dinheiro que trabalha para você.
- Paz financeira.
- Tempo de qualidade.

REQUER:

- Mais de uma fonte de renda.
- Fluxo de caixa e poupança.
- Finanças saudáveis.
- Sistema diversificado e estável para sustentar o estilo de vida.
- Diagnóstico interno.
- Mentalidade milionária.

CAPÍTULO 9

ADOTE A MELHORIA CONTÍNUA E APROVEITE SEU POTENCIAL

UMA HISTÓRIA COM IMPULSO

Conheci Diego Barrazas graças ao seu *podcast* "Dementes". Fiquei muito interessado pela forma como ele entrevista seus convidados, porque traz à tona o que há de melhor neles. Esse jovem abriu caminho no mundo do empreendedorismo com grande determinação e uma notável cultura pessoal de sucesso.

Diego nasceu na cidade de Monterrey, no noroeste do México. Ele admite que desde criança era muito alerta, o que lhe causava diversos episódios desconfortáveis na escola. Ele lembra que um professor convocou seus pais para contar que era muito inquieto e continuamente distraía os colegas. Ele não era um menino problemático, mas terminava as atividades rapidamente e depois começava a conversar com os outros e a distraí-los. Além disso, tinha uma memória muito boa, por isso não fazia anotações nas aulas. Após uma série de reuniões, o professor e seus pais concordaram que, quando Diego terminasse suas tarefas de aula, ele ajudaria os colegas ou teria mais duas ou três atividades para mantê-lo ocupado. "Em muitas ocasiões, as pessoas não vão bem na escola, não porque sejam estúpidas, mas porque a forma de ensinar não é a correta para elas", ele afirma. O jovem conta que seu sangue empreendedor vem de um dos avós, que tinha alguns negócios. Embora o avô soubesse vender muito bem e tivesse ideias interessantes, ele era ruim para executá-las e gerenciá-las. Esse antecedente ensinou Diego a se preparar e corrigir constantemente suas fraquezas. O objetivo é sempre ter vantagem competitiva. A outra influência de Diego foram seus pais, que lhe ensinaram a filosofia do trabalho e a importância da perseverança e do esforço. Seu pai começou na base e acabou se tornando vice-diretor geral de um importante banco mexicano. De não ter dinheiro para comprar sapatos e ter de usar diariamente o transporte público para ir ao trabalho, conseguiu crescer e ter estabilidade econômica com a qual pagou uma boa educação para Diego e seus irmãos. E, embora seu pai tenha uma posição elevada, ele está sempre sob muito estresse e sabe que nada lhe garante a permanência ali. Nada é certo quando você trabalha para uma empresa, não importa quão bem-sucedido você seja. Essa noção tem levado o jovem a desenvolver diversos empreendimentos e a aprimorá-los constantemente para que sua vida e seu sucesso não dependam de terceiros.

"Dementes" é um dos seus principais projetos e se dirige a empreendedores. Nesse *podcast*, ele entrevista pessoas que estão se destacando e têm histórias de sucesso valiosas para compartilhar. Não é à toa que é o conteúdo de negócios mais ouvido no México e ocupa os primeiros lugares nacionais no Spotify, além de estar entre os 50 melhores da América Latina. Diego aproveitou o crescimento do *podcast* para criar o "Dementes Unschool", uma plataforma educacional que busca ajudar os participantes a se capacitar em temas de negócios, criatividade e inovação de forma prática. Nesse projeto ela alia o interesse pela educação e a vontade de compartilhar seus conhecimentos, uma vez que possui formação em *marketing, branding* (que é o processo de construção e valorização de uma marca) e inovação empresarial.

Sua experiência na área não se limita aos seus próprios projetos, pois também colaborou com um banco mexicano para promover empreendedores e mudar a percepção em torno do banco. Além disso, foi consultor e facilitador de negócios, ministrou *workshops*, colabora com diversos meios de comunicação e deu algumas palestras para a iniciativa TEDx. Para manter esse nível de atividade e melhoria contínua, Diego possui hábitos importantes, como acordar às quatro da manhã, fazer dieta restrita em carboidratos, praticar exercícios, meditar, tomar banho com água fria e preparar seu café especial para ficar alerta. Ler também faz parte da sua rotina. ==Sua agenda é bem definida, e ele tenta cumprir tudo o que for possível para que ela seja mais produtiva.== Algo importante é que às oito da noite ele se desconecta completamente do celular para dedicar um tempo de qualidade às pessoas mais preciosas de sua vida: sua esposa e seu filho pequeno.

Sua visão como empreendedor o levou a fundar ou participar de outros negócios, como uma marca de suplementos que ajudam a melhorar a capacidade e o desempenho mental. Ele pretende lançar mais duas marcas e um fundo de investimento. É sócio de uma empresa de suplementos alimentares para atletas de alto rendimento, trabalha em um documentário para uma plataforma de *streaming* e desenvolve eventos para empreendedores. Em suma, é um exemplo vivo de como criar rendimento passivo.

Algo que se destaca em Diego Barrazas é o seu compromisso em ser um agente de mudança em seu país e para aqueles que o rodeiam. O trabalho em seu plano de vida se reflete na sua melhoria contínua, como acontece com quem busca uma existência plena e planeja deixar um legado para o mundo.

"Somos as histórias que contamos a nós mesmos, por isso é melhor contarmos as que realmente queremos, para fazermos coisas inspiradoras", afirma o empresário.

Eu sei que você pode conseguir porque você quer muito. A prova disso é que o seu impulso milionário o trouxe até estas páginas e estamos prestes a concluir a nossa jornada. Então vamos seguir em frente.

> PARA AVANÇAR NESTE NOVO SISTEMA ECONÔMICO, VOCÊ PRECISA DE UMA VISÃO DE MELHORIA CONTÍNUA.

O SUCESSO COMO ESTILO DE VIDA

Estamos prestes a concluir este processo. Ao longo do livro, compartilhei diferentes métodos para você crescer financeiramente e se fortalecer para ser uma pessoa plena e próspera. Resumindo: para que você possa potencializar seu impulso milionário. Nas próximas páginas, apresentarei quatro ferramentas que o ajudarão a adotar a melhoria contínua como seu veículo para o sucesso. O objetivo dessas propostas é ajudá-lo a implementar uma cultura de sucesso no seu dia a dia.

Grandes obras são construídas todos os dias. O hábito as torna reais graças à perseverança, e é isso que quero transmitir a você. Quero que você encontre uma vida de bem-estar completo. Portanto, as ferramentas que vou compartilhar seguem uma ordem determinada. Além disso, darei outras estratégias para que a sua abundância seja um fator positivo não só para você, mas também para quem está à sua volta.

==Para muitos sábios, em diferentes épocas da história, o maior desafio de uma pessoa é conquistar==

==a si mesma.== É ser dona dos seus desejos, de suas aspirações e seus projetos, mas também dona dos meios para alcançá-los. O potencial para conquistar grandes feitos está dentro de nós, mas primeiro devemos nos convencer de que é possível. ==Muitos desistem antes mesmo de dar o primeiro passo.== Em vez disso, convido você a deixar que cada passo seja uma oportunidade para melhorar a si mesmo. Assuma o compromisso interno de fazer do progresso e da melhoria contínua parte do seu estilo de vida. Faça com que esse seja o motor que impulsiona suas ações a partir de agora.

O sistema econômico em que vivemos muda constantemente, o que exige que façamos o mesmo. Se você resistir, acabará estagnado. É fundamental adaptar-se às novas condições do sistema, mas também é essencial que se dê sempre um passo à frente, que se faça um esforço extra e se encontre uma forma de ser mais eficiente. Essa atitude lhe dará a vantagem competitiva necessária para decolar.

GRANDES OBRAS SÃO CONSTRUÍDAS TODOS OS DIAS.

MAPA DE DESEMPENHO

A primeira ferramenta que apresento chama-se "mapa de desempenho" e consiste em várias etapas. O objetivo é que você identifique as atividades a serem melhoradas e depois proponha um plano de ação. Uma das vantagens dessa ferramenta é que ela pode ser utilizada tanto por indivíduos como por organizações. A ordem a seguir consiste em expor as atividades problemáticas, depois descrevê-las, dar-lhes prioridade e, por fim, propor soluções.

Declare: comece perguntando a si mesmo o que o irrita. Descubra o que o incomoda, o frustra ou o sobrecarrega. O objetivo é apontar o problema conforme você o vê e sente. Por exemplo: "Sinto que o dia não é suficiente para completar todas as minhas tarefas" ou "Não tenho os resultados que desejo, e isso me deixa irritado". Com essa simples ação você começa a dar nome e forma a um incômodo que antes era vago. Esse é o seu ponto de partida. Comece fazendo uma lista das sensações ou das situações que você considera problemáticas.

Descreva: o importante neste momento é definir o problema e analisá-lo para detectar como ele o afeta e quais podem ser suas causas. Quanto mais detalhada for sua descrição, mais preciso será o seu mapa dos itens que precisa ajustar, alterar, remover ou adquirir. Caso contrário, você apenas desperdiçará energia, tempo e recursos valiosos. Para orientá-lo, compartilho a seguinte tabela na qual incluí um exemplo para lhe dar maior clareza:

Situação	O que está errado?	Como posso resolver isso?	Em quanto tempo consigo resolver?
» Não tenho os resultados que desejo.	» Eu não defini metas e objetivos. » Meu conhecimento é obsoleto, e preciso me capacitar para ter projetos melhores e ganhar mais. » Eu não tenho uma agenda para organizar as minhas atividades.	» Vou anotar minhas metas e objetivos profissionais, anotando prazos. » Procurarei cursos de atualização em instituições e plataformas *on-line*. Compararei os planos de estudo e os custos para me inscrever o mais rápido possível. » Vou manter uma agenda de atividades semanais e incluirei um cronograma para estudar por conta própria.	» No fim de semana, vou sentar para escrever minhas metas e objetivos. » Dentro de duas semanas, no máximo, vou me inscrever no curso. » A partir desta tarde iniciarei um planejamento diário e semanal das minhas atividades.

Priorize: o próximo passo é dar uma escala de importância aos problemas. Seria impossível resolvê-los todos ao mesmo tempo. Sempre há situações que exigem atenção imediata e outras que podem esperar. ==Minha proposta é que você dê preferência aos urgentes, pois se deixar para depois não conseguirá mais dar conta deles.== Eu chamo a isso de organização de acordo com pontos críticos. Digamos que você seja um empresário e esteja operando há quase um ano. Suas vendas são constantes, porém as dívidas estão te consumindo. Por outro lado, você termina o dia exausto, mas suas tarefas pendentes se acumulam em vez de diminuir. Por onde você começa?

1. Resolva suas dívidas. Lembre-se de que sem fluxo de caixa não há negócio.

2. Se você tem funcionários, aprenda a delegar. Muitas vezes isso faz a diferença entre crescer e estagnar. Se você não administrar seu tempo e suas forças, ficará sem combustível para melhorar. Isso inclui o desenvolvimento de novas estratégias de vendas.

Aja: neste ponto você desenvolverá seu plano de ação por escrito. Inclua seus pontos fortes, o novo aprendizado que você precisa, as habilidades de comunicação que você necessita desenvolver, o tipo de relacionamento comercial que deseja cultivar ou até mesmo se deve buscar um financiamento de produção. O fundamental é que sejam ações concretas, caso contrário será apenas uma lista de votos de felicidades, como "Quero ser mais produtivo", "Vou organizar melhor o meu tempo" ou "Procuro ser um executivo de vendas de sucesso". Não se esqueça de anotar os resultados que espera e o prazo em que pretende alcançá-los.

Situação	Solução concreta	Resultados esperados	Prazo
» Eu não vendo o suficiente na minha loja *on-line*.	» Desenvolver uma estratégia de posicionamento em buscadores e nas redes sociais para impactar meu nicho de mercado.	» Aumentar em mais 20% as vendas no primeiro semestre e em 25% no segundo.	» Ter a estratégia pronta no final do mês.

> Eu, ...,
> me comprometo a garantir que cada linha de ação seja cumprida e a dar prosseguimento a elas.

Para finalizar, é importante que você preste atenção aos seus resultados. ==Ajuste suas ações se elas não estiverem dando os frutos que você espera.== Essa ferramenta não é definitiva, e você sempre pode modificá-la de acordo com suas necessidades.

> RESOLVA SUAS DÍVIDAS.
> LEMBRE-SE DE QUE SEM FLUXO
> DE CAIXA NÃO HÁ NEGÓCIO.

O SEGREDO É OUVIR

Alguns consideram isso uma arte, e não é de admirar. Quem sabe ouvir tem a chave para entrar no coração das pessoas. A partir de uma conversa atenta, por exemplo, pode nascer um romance, surgir uma relação comercial valiosa ou podem ser concebidas ideias que revolucionam todo um segmento.

Não estou exagerando. A famosa zona tecnológica do Vale do Silício nasceu de conversas entre vários gênios da eletrônica em meados do século 20. Eles estavam unidos pelo cansaço e pelo desejo de continuar trabalhando juntos. A partir dali, surgiram gerações de empresas inovadoras que marcaram a história tecnológica no mundo todo. **A capacidade de saber se relacionar é essencial na nova era.** Por essa razão, pessoas com impulso milionário são excelentes ouvintes. A seguir, compartilho algumas dicas para fortalecer essa prática.

1. Na sua próxima conversa, desafio você a falar apenas 10% e ouvir 90%. Você ficará surpreso ao perceber a empatia e a conexão

que sentirá com a outra pessoa. Deixe seu ego descansar por alguns minutos e aproveite a conversa.

2. Quando alguém pedir sua opinião sobre um problema, não tente exibir todo seu conhecimento. Em vez disso, preste atenção aos detalhes do que estão lhe contando e trabalhem juntos para encontrar a melhor solução. Isso o ajudará a expandir sua consciência e a sair de sua estrutura tradicional de pensamento, pois estará compreendendo o mundo da outra pessoa.

EVITE JULGAR ANTES DE SABER O QUE VÃO LHE DIZER.

3. Se você vai ter conversas importantes, crie a atmosfera certa. Evite locais barulhentos ou onde haja interrupções contínuas. Pode ser um café tranquilo, uma sala de reuniões onde não haja outras atividades programadas ou no seu escritório, com as portas fechadas. Isso comunica que você está disposto a conversar sem pressa.

4. Evite julgar antes de saber o que vão lhe dizer. Se a outra pessoa não disse uma palavra, não a desqualifique nem limite seus

motivos a uma ideia preconcebida que só existe na sua cabeça. Não seja apressado.

5. **Pratique para entender claramente o que você ouve.** Os *podcasts* são ideais nesse sentido, pois incentivam sua paciência e desafiam você a prestar atenção ao discurso e ao conteúdo apresentados. Tente ouvir uma transmissão de que goste uma vez por semana.

AS PESSOAS COM IMPULSO MILIONÁRIO SÃO EXCELENTES OUVINTES.

AGENTE DE MUDANÇA

Neste mundo existem pessoas que orientam os outros a melhorar ou a mudar as regras do jogo em favor dos outros. Esses são facilitadores do crescimento e do bem-estar de indivíduos e organizações. Eu os chamo de **agentes de mudança**. Entre suas qualidades está desenvolver um clima agradável nas organizações e na vida das pessoas. Eles são especialistas em transformar problemas em soluções. Por exemplo, se existem rivalidades no time de vendas de uma empresa, os agentes de mudança propõem a realização de dinâmicas de integração para melhorar a coesão e a comunicação do grupo. São eles que encontram oportunidades de melhoria e propõem as ferramentas para alcançá-las. Ao identificarem resistência, eles propõem formas adequadas de persuasão, mostrando os benefícios da adaptação à mudança. Considero que as três características mais importantes dos agentes de mudança são:

- **Comunicam-se de forma assertiva:** sabem transmitir o que querem, sentem e pensam de forma eficaz e clara. Levam em conta a complexidade da pessoa com quem estão lidando, mas também o que eles próprios procuram. Sua comunicação é baseada no respeito, e incentivam o diálogo. O lema deles é "mude a sua linguagem e você mudará a tribo".

- **Integram:** têm grande capacidade de harmonizar grupos e equipes de trabalho. Não importa se são famílias, comunidades de bairro ou organizações, o agente de mudança incentiva a obtenção de consensos, promove acordos e procura uma forma de conciliar interesses particulares. ==Seu lema é "convencer em vez de conquistar".==

- **São visionários:** seu espírito é pioneiro e encoraja outros a desenvolver o seu próprio, a explorar e a ver mais ao longe. São eles que marcam o ritmo dos outros ou abrem novos caminhos. O importante é que não apenas enxergam as possibilidades, mas também as fazem acontecer. Eles concordam com a frase do escritor irlandês Jonathan Swift: "Visão é a arte de enxergar o que é invisível para os outros".

Decidi incluir a figura do agente de mudança porque quero que você aprenda a ser um deles em seu próprio benefício. Assim, você será realmente o protagonista do seu crescimento. ==Não espere que alguém lhe aponte o caminho. Você é responsável por trabalhar pela sua felicidade.== Quando você assume essa responsabilidade, a melhoria contínua não o abandonará. Ela será o combustível que alimentará seu impulso milionário. Não espere o sistema mudar para prosperar, seja o promotor da vida que deseja.

O AGENTE DE MUDANÇA INCENTIVA A BUSCA PELO CONSENSO.

SEUS TRÊS PODERES

Uma realidade desta época é a dispersão. Excesso de estímulos, estresse, falta de tempo, entre outros fatores, afetam nosso desempenho e nossa qualidade de vida. Se não estivermos conscientes de nossa desconexão internamente, não poderemos honrar nossas necessidades e, portanto, teremos uma base fraca para buscar o bem-estar. O impulso milionário, ao contrário, busca integrar as três potências do nosso ser: o corpo, a mente e o espírito. Quanto melhor cuidarmos deles e os fortalecermos, maior será a probabilidade de sermos bem-sucedidos nesse novo sistema econômico. O trabalho começa dentro de nós, e a partir daí se manifestará externamente. Saiba que, se você estiver em harmonia consigo mesmo, também estará em harmonia com os outros e com o sistema em geral.

==Muitas vezes, o ruído e a velocidade nos fazem perder o foco no nosso projeto de vida.== Por isso, é sempre necessário parar ao longo do caminho para apertar os parafusos. Dessa forma renovaremos nosso ímpeto vencedor. O método que vou compartilhar com você busca ativar e integrar seus três poderes todos os dias. Antes de mais nada, tudo o que você precisa é de alguns minutos e um espaço calmo. A segunda coisa é um verdadeiro desejo de entrar em contato consigo mesmo. Escolha um lugar onde você tenha paz e crie o seu santuário. Então prospere!

ESTÁGIO DE CONEXÃO

A respiração é a base da vida, mas muitas vezes nos esquecemos dela. Você já percebeu como, quando estamos estressados, a respiração fica menos profunda? Isso evita que o sangue carregue oxigênio suficiente, e, portanto, o cérebro e outros órgãos não terão os nutrientes necessários para funcionar bem.

Nesta etapa, vamos respirar conscientemente. Além de beneficiar nosso corpo, fortalecemos nossa atenção e aprendemos a lidar com as distrações.

Se praticar entre 10 e 15 minutos por dia, logo reduzirá o estresse, terá maior clareza e até conseguirá dormir melhor. Quando você está em uma situação tensa, a atenção plena lhe permite dar um passo para trás e ter uma perspectiva melhor. Outros benefícios incluem melhor controle sobre comportamentos e emoções impulsivas, aprender a ouvir o corpo e reduzir a ansiedade.

==Isso se traduzirá em maior clareza mental, melhor tomada de decisões e resolução de conflitos com melhor julgamento.== Da mesma maneira, vai ajudá-lo a controlar a frustração e a raiva.

CONCLUA OS SEGUINTES PASSOS:

1. Desligue o celular ou o deixe em modo silencioso — ou em outro cômodo. Você pode desligar as luzes ou diminuir a intensidade, se preferir.

2. Sente-se em uma cadeira firme, com as costas retas e as mãos apoiadas nas coxas. Relaxe e abstraia toda a tensão de seu corpo.

3. Feche os olhos.

4. Inspire profundamente e sinta os pulmões se encherem de ar.

5. Expire suavemente e deixe tudo o que for negativo sair de você.

6. Ao inspirar e expirar, visualize situações agradáveis ou locais de paz.

7. Inspire, expire e sinta o ar entrando e saindo do seu corpo. Seja grato pela sua vida e aproveite o momento.

8. Continue prestando atenção à sua respiração e observe o estado do seu corpo. Se surgir alguma tensão, relaxe-a.

9. Se o seu pensamento começar a divagar, direcione sua atenção para a respiração. Isso o ajudará a retornar ao presente.

10. Ao terminar, abra os olhos com calma e volte a si lentamente.

OBSERVAÇÃO FOCADA

Nesta segunda etapa, vamos trabalhar nossa capacidade de concentração. O que procuramos é evitar comportamentos automáticos ou impulsivos que nos levem a perguntar: "Por que gritei com ele à toa?" ou "Por que respondi daquela maneira?". Essa prática nos ajudará a estar presentes no momento. Nossa mente tem o hábito de ir ao passado ou ao futuro, mesmo que nosso corpo esteja no escritório, em casa ou até mesmo em uma reunião. **A vida acontece no presente, e só nele é que podemos desfrutá-la.** Quando você aprende a focar sua atenção, indiretamente também trabalha a sua capacidade de escuta à medida que se exercita para não se perder em seus discursos internos. Para essa prática, vamos utilizar a "vela do silêncio". Como o próprio nome indica, precisamos de uma vela acesa, uma cadeira firme e, se desejar, uma música tranquila de fundo.

CONCLUA OS SEGUINTES PASSOS:

1. Lembre-se de desligar o celular ou deixe-o em modo silencioso — ou em outro cômodo. Você pode apagar as luzes ou diminuir a intensidade, se preferir.

2. Coloque uma vela sobre uma mesa a aproximadamente um metro de distância. Certifique-se de que não haja nada por perto que possa causar um incêndio. É importante que a vela esteja em um ângulo que permita manter a sua cabeça reta. Caso contrário, se

você abaixar ou levantar muito a cabeça, ficará cansado e distraído.

3. Sente-se na cadeira, com as costas retas e as mãos apoiadas nas coxas. Relaxe toda a tensão de seu corpo.

4. Inspire profundamente e expire suavemente. Repita três respirações desta forma.

5. Observe atentamente a vela por 5 a 10 minutos. Observe o movimento da chama, sem julgamento ou rótulos. Acostume-se com o silêncio e o movimento da chama. Mantenha a sua atenção sem distrações. Se algo estranho capturar a sua consciência, retorne-a suavemente à chama e continue sua observação. Quando conseguir que essa atividade o absorva, você perceberá de repente que o ambiente desaparece e apenas uma sensação de plena consciência permanece.

6. Ao terminar, volte a si lentamente.

PENSAMENTO FOCADO

Nesta etapa, não quero que você deixe sua mente em branco. Seria ingenuidade da minha parte, porque a mente não para. Pensamentos, sensações, memórias e imagens nos acompanham a cada momento. A ideia desta prática é que você aprenda a reconhecer os seus pensamentos e a distinguir os positivos dos negativos. Vamos dedicar nossa energia apenas aos primeiros. ==Aprender a direcionar nossos pensamentos para os aspectos positivos da vida é extremamente terapêutico.== Além disso, essa atitude luminosa tornará mais fácil atingir suas metas e seus objetivos.

CONCLUA OS SEGUINTES PASSOS:

1. Comece o dia com gratidão. Antes de pegar o celular para verificar suas redes sociais, reserve alguns minutos para ser grato por algum aspecto da sua vida. Algo que você considere valioso.

2. Carregue consigo um caderno "positivo" no qual você anota um aspecto positivo de si mesmo todos os dias. Em tempos difíceis, consulte-o para se lembrar do quanto você

é valioso. Não dê poder aos problemas que o desorientam.

3. Dedique uma seção do seu caderno "positivo" para escrever o que te faz feliz palavras que geram força e algo que o fez sorrir com alegria ao longo do dia. Comece a preencher seus momentos com gratidão.

4. Ao enfrentar alguma dificuldade, pare e respire. Use a prática da etapa de conexão. Você não precisa se sentar ou se afastar, apenas dê um tempo para estar com você mesmo, com seu corpo, com sua mente e com seu espírito.

5. No final do mês, leia todas as coisas que te fizeram feliz e as anotações de como sua vida é incrível.

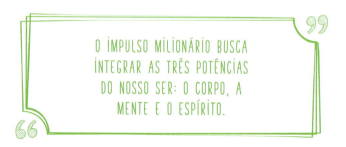

O IMPULSO MILIONÁRIO BUSCA INTEGRAR AS TRÊS POTÊNCIAS DO NOSSO SER: O CORPO, A MENTE E O ESPÍRITO.

EPÍLOGO

Caro leitor e companheiro de vida, chegamos ao fim desta jornada. Fico feliz em saber que você dedicou um tempo valioso a estas páginas, porque isso significa que conseguiu perceber a importância de trabalhar no seu bem-estar geral e na sua liberdade financeira. Agradeço seu interesse em conhecer e aplicar esses princípios ao seu estilo de vida. Estou convencido de que eles continuarão a acompanhá-lo em seu caminho de crescimento e a inspirá-lo na sua evolução contínua.

Aqui concluímos a leitura, mas para você se abre um novo horizonte de possibilidades: o da simplicidade e da economia, da adaptação criativa, da disrupção, do aprendizado contínuo e de um futuro de metas a serem conquistadas. Não tenho dúvida de que essa fase da sua vida será marcada pelo conhecimento interior, pela liberdade e pela inteligência financeira.

Como acontece com qualquer aprendizagem de importância, o próximo passo é trazer as informações e os exercícios deste livro para a sua vida diária. Teste o conteúdo, adapte-o ao seu contexto, trabalhe para modificar seus hábitos e preste atenção aos comportamentos que o impedem de crescer. Agora você tem uma série de ferramentas que lhe permitirão aspirar a algo mais. O limite é você quem define.

Sei que você tem feito um grande esforço para modificar sua relação com o dinheiro e a forma como o produz, além de transformar sua atitude diante da mudança. Portanto, a nova economia não representa um perigo para você, mas sim uma oportunidade. Você começou a enfrentar seus medos e suas dúvidas, mas, com certeza, ainda tem vários desafios a vencer. É por isso que o convido a voltar a estas páginas quantas vezes precisar. Revise os conceitos, repasse as dicas e crie seus próprios diagramas e guias. Você aprendeu a levar uma vida financeira mais organizada e conhece diversas estratégias para aproveitar os benefícios da era digital. Isso permitirá que tenha maior firmeza nos próximos passos e trabalhe as habilidades que precisa desenvolver.

A partir de agora, *Impulso milionário* se tornará mais do que apenas um livro: será um dos mais valiosos instrumentos de consulta e apoio na sua ascensão à prosperidade. Volte a estas páginas, mas também a notas, reflexões e exercícios do seu caderno. Tanto suas anotações como o livro serão ferramentas às quais você poderá recorrer quando necessário. Ao relermos um livro, sempre haverá uma nova lição esperando por nós.

Tenho certeza de que, se você também usar seus pontos fortes e talentos para promover seu crescimento, logo se verá realizando seus sonhos. Você trocará atitudes tóxicas por emoções positivas que abrirão novas portas e o ajudarão a encontrar possibilidades onde antes você só via obstáculos. Grandes projetos e desafios o esperam, e eles manterão a sua motivação elevada. Eu sei que você vai conquistá-los, porque seu impulso interior está desperto e pronto para levá-lo a novos patamares.

A vida nos apresenta desafios inesperados. Confesso que, enquanto escrevia este livro, passei por uma situação familiar difícil que exigiu um esforço dobrado. No entanto, meu desejo de compartilhar estratégias valiosas para o seu desenvolvimento pessoal me manteve focado e motivado.

Caro leitor, neste processo também aprendi com você e, assim como você, enfrentei meus próprios medos. Isso apenas reafirmou minha certeza de que o que se faz com amor gera uma recompensa. Sei que você empenha muito esforço para cumprir o seu plano de vida e realizar seus sonhos. Acredite: cada lágrima de frustração, cada gota de suor e cada hora de insônia terão seus frutos. Não se dê por vencido. O sucesso vem para os tenazes, os disciplinados e aqueles que assumem o risco de perseguir seus objetivos.

Cada linha foi pensada para o seu crescimento. Queria lhe dar as bases para que a sua liberdade financeira seja sólida. Por isso, em diversos momentos insisti que a abundância começa em você e deve contribuir para a sua paz interior. Olhe para dentro de si e a partir daí escreva sua nova história. Você define os termos. Seja o arquiteto da sua vida e siga o projeto de acordo com o que procura, o que ama, o que você é. Só então você entregará a melhor versão de si mesmo a todos à sua volta.

SUA OPINIÃO É MUITO IMPORTANTE

Mande um e-mail para **opiniao@vreditoras.com.br** com o título deste livro no campo "Assunto".

1ª edição, mar. 2024

FONTE Tasty Birds Bold 30/36pt;
Alegreya Sans Regular 12,3/16,3pt
PAPEL Offset 90g/m²
IMPRESSÃO Geográfica
LOTE GEO300124